>> **15** Minuten

Body Workout
für jeden Tag

Joan Pagano

DORLING KINDERSLEY
London, New York, Melbourne, München und Delhi

Für all jene, die ich trainiert habe und die ihr Vertrauen in mich gesetzt haben

Projektbetreuung Helen Murray
Bildbetreuung Anne Fisher
Redaktion Jennifer Latham, Jo Godfrey-Wood
Bildredaktion Peggy Sadler
Cheflektorat Penny Warren
Chefbildlektorat Marianne Markham
Programmleitung Mary-Clare Jerram
DTP-Design Sonia Charbonnier
Herstellung Rebecca Short,
Herstellungskoordination Luca Frassinetti
Umschlaggestaltung Neal Cobourne

DVD für Dorling Kindersley produziert
von Chrome Productions
www.chromeproductions.com

Regie Gez Medinger
Kamera Marcus Domleo, Matthew Cooke
Kameraassistenz Marcus Domleo, Jonathan Iles
Produktionsleitung Hannah Chandler
Produktionsassistenz Azra Gul, Tom Robinson
Technische Ausstattung Pete Nash
Beleuchtung Paul Wilcox, Jonathan Cruickshank
Musik Chad Hobson
Haare und Makeup Victoria Barnes, Roisin Donaghy

Für die deutsche Ausgabe:
Programmleitung Monika Schlitzer
Projektbetreuung Kerstin Uhl
Herstellungsleitung Dorothee Whittaker
Herstellung Petra Kühner

Bibliografische Information Der Deutschen Bibliothek
Die Deutsche Bibliothek verzeichnet diese Publikation in der
Deutschen Nationalbibliografie;
detaillierte bibliografische Daten sind im Internet über
http://dnb.ddb.de abrufbar.

Titel der englischen Originalausgabe:
15 Minute Total Body Workout

© Dorling Kindersley Limited, London, 2008
Ein Unternehmen der Penguin-Gruppe
Text © Joan Pagano, 2008

© der deutschsprachigen Ausgabe by Dorling Kindersley Verlag
GmbH, München, 2008
Alle deutschsprachigen Rechte vorbehalten

Übersetzung Barbara Knesl
Produktion Print Company Verlagsges.m.b.H., Wien

Deutsche DVD-Fassung
Technische Realisation Peter Riedel, video-art & networks
Tonstudio Oliver Vorderbrügge, orange sound
Sprecherin Alisa Palmer

ISBN: 978-3-8310-1206-0

Printed and bound in China by Sheck Wah Tong

Besuchen Sie uns im Internet
www.dk.com

Hinweis
Die Informationen und Ratschläge in diesem Buch sind von den Autoren und vom Verlag sorgfältig erwogen und geprüft, dennoch kann eine Garantie nicht übernommen werden.
Eine Haftung der Autoren bzw. des Verlags und seiner Beauftragten für Personen-, Sach- und Vermögensschäden ist ausgeschlossen.

Inhalt

Vorwort der Autorin   6

So gehen Sie vor   8

Einführung   10

Wie gesund sind Sie?   12

Testen Sie Ihre Fitness   14

Ihr Trainingsprogramm   16

Step-Touch   18

   Übersicht   34

   Fragen & Antworten   40

Beachball   42

   Übersicht   58

   Fragen & Antworten   64

Hüpfen & Springen   66

   Übersicht   82

   Fragen & Antworten   88

Ausfallschritte & Co.   90

   Übersicht   106

   Fragen & Antworten   112

Hintergrundinformationen   114

Die Körpermuskeln   116

Die richtige Haltung   118

Core-Training   120

Ausrüstung und Kleidung   122

Nützliche Adressen und Medien   124

Register   126

Dank   128

Vorwort der **Autorin**

In meiner 20-jährigen Tätigkeit als Personal Trainer wurde mir immer wieder dieselbe Frage gestellt: Was ist die beste Übung? Die Antwort ist einfach: Die beste Übung ist die, die Sie auch machen! Das, was uns anspricht, ist so individuell wie unsere Persönlichkeit, unsere Vorlieben und Abneigungen, Ziele im Trainingsprogramm und unsere Ressourcen – etwa Zeit, Geld und Platz.

Die beste Übung ist die, die zum persönlichen Lebensstil passt. Für mich waren Praktikabilität und Effizienz stets wichtige Faktoren. Da mein Terminkalender voll mit Trainingseinheiten bei anderen Menschen zuhause ist, trainere ich persönlich besonders gern in meinen eigenen vier Wänden und erspare mir so zusätzliche Fahrtzeiten. Ich genieße die Freiheit, meine Übungen dann zu machen, wenn es die Zeit zulässt und ich benötige nur wenig Ausrüstung, um mich fit zu halten. So individuell wie unser Fingerabdruck ist auch die Zielsetzung bei einem Trainingsprogramm. Um erfolgreich zu sein, müssen wir uns realistische, erreichbare Ziele stecken.

Es ist viel besser, klein anzufangen und diese Ziele zu erreichen, sein Selbstbewusstsein aufzubauen, sodass man sich weitere Ziele stecken kann. Wenn man am Anfang zu viel erreichen will, verliert man leicht den Mut und gibt auf.

Wir alle möchten uns fit halten und sollten daher körperliche Aktivitäten zu einm festen Bestandteil unseres Lebens machen. Regelmäßiges Training, seien es auch nur 15 Minuten, ist eine Investition, von der der Körper sein Leben lang profitieren wird. Kurze, aber regelmäßige Trainingseinheiten helfen, das Risiko bestimmter Krankheiten wie Diabetes oder Bluthochdruck zu senken. Regelmäßig ein wenig Betätigung wirkt sich auch enorm auf das Aussehen aus, da wir dadurch überflüssige Pfunde verlieren und unseren Körper beweglich und geschmeidig halten.

Natürlich ist der Nutzen umso größer, je mehr wir tun. Die vier 15-minütigen **Body-Workout**-Trainingseinheiten bieten Ihnen die Möglichkeit, zwischen einem und vier Workouts pro Tag zu machen. So können Sie jene wählen, die Ihrer Stimmung und Fitness entsprechen, oder auch jene, die Ihnen mehr abverlangen und eine Abwechslung bieten. Also, viel Spaß beim Zusammenstellen Ihres persönlichen Trainingsplans!

Joan Pagano

>> So gehen Sie vor

Dieses Buch vereint Ausdauer- und Krafttraining zu einem Ganzkörperworkout mit maximalem Nutzen. Nehmen Sie sich Zeit, um die Übungen im Detail zu studieren. Die Fotostrecken mit den kompletten Übungsfolgen sind ideal zum schnellen Nachschlagen.

Die Begleit-DVD ist dazu gedacht, in Kombination mit dem Buch benutzt zu werden und soll die Übungen verdeutlichen. Beim Abspielen der DVD werden Seitenverweise eingeblendet. Schlagen Sie dort für eine detailliertere Beschreibung nach. Einige Übungen im Buch haben eine Ausgangsposition, die in der kleinen Abbildung zu sehen ist, während die große Abbildung die Übung zeigt. Weiters werden Anmerkungen zur richtigen Haltung gegeben und die weiß gepunkteten Bereiche »Spüren Sie es hier« deuten auf bestimmte Körperbereiche bei den Ausdauerübungen.

Jede Trainingseinheit beginnt mit einem dreiminütigen Warm-up, das sich nach und nach steigert. Der Hauptteil des Workouts besteht aus 10 Minuten Krafttraining abwechselnd mit Cardio-Einheiten. Am Ende folgt ein zweiminütiges Cool-down mit Ganzkörperdehnungen. Alle Übungen sind auch für Anfänger geeignet, obwohl der vierte Workout, Ausfallschritt & Co., etwas mehr Können verlangt. Wenn Sie also gerade erst anfangen, arbeiten Sie sich langsam zu diesem Workout vor. Lesen Sie die Einführung, die häufig gestellten Fragen und die Hintergrundinfos um weitere Tipps zu erhalten. Jeder Workout dauert 15 Minuten, sehen Sie aber in der Einleitung nach, wie Sie einen längeren zusammenstellen können. Machen Sie diese Workouts drei Mal pro Woche, möglichst mit einem Tag Pause, da die Muskeln Zeit brauchen, um sich zu erholen. An Ihren »freien« Tagen können Sie Ausdauersportarten wie Schwimmen, Walking oder Radfahren betreiben.

Die Doppelseite zum Aufklappen
Die Doppelseiten am Ende jedes Workouts zeigen Ihnen jedes Programm auf einen Blick. Wenn Sie die DVD angesehen und die Übungen studiert haben, verwenden Sie die praktischen Faltpläne als Erinnerungshilfe, um die 15 Minuten nicht zu überschreiten.

Die Doppelseiten zum Aufklappen verschaffen Ihnen einen Überblick über die komplette Sequenz – eine praktische Nachschlageseite für schnelles, einfaches Üben.

Schritt-für-Schritt-Anleitungen Die kleine Abbildung oben links zeigt die Ausgangsposition für eine Übung. Die großen Abbildungen zeigen die Schritte zur Durchführung der Übung.

Die Fotos zeigen die wichtigsten Schritte jeder Übung.

>> Einführung

Keine Ausreden mehr! Sie finden, Sie sind zu beschäftigt, können es sich nicht leisten oder haben nicht genug Platz oder Ausrüstung für einen Workout zu Hause? Trainieren ist zu langweilig und Sie halten nicht durch? Oder Sie meinen, Sie sind zu faul, alt oder dick, um überhaupt zu beginnen?

Die Liste der Ausreden, um ja nur nicht fit zu werden ist endlos, doch die Lösung ist simpel: *Body Workout* liefert ein Trainingsprogramm mit minimalem Zeitaufwand und wenigen Hilfsmitteln, von dem Sie mit Sicherheit profitieren werden.

15-minütige Workouts

Die **Body-Workout**-Trainingseinheiten sollen maximale Resultate liefern, indem Cardio- und Krafttraining miteinander kombiniert werden. Für ein Ganzkörpertraining brauchen Sie nur 15 Minuten. Wenn Ihnen mehr Zeit bleibt, kombinieren Sie die Einheiten zu einem 30-, 45- oder 60-minütigen Workout. Wählen Sie Ihren Workout entsprechend Ihrer Fitness, Energie und Zeit.

Jeder Workout hat einen besonderen Schwerpunkt, der Spaß und Abwechslung in Ihr Training bringen soll. Jeder fordert Ihren Körper auf andere Weise: Mit Step-Touch (siehe S. 18) gewöhnen Sie sich an das regelmäßige Training. Bei Beachball (siehe S. 42) trainieren Sie mit einem Ball. Hüpfen und Springen (siehe S. 66) lässt die kindliche Freude am Springen wiederaufleben. Ausfallschritte & Co. (siehe S. 90) erfordern mehr Können und etwas Übung.

Jeder Workout folgt dem gleichen Schema: Ein dreiminütiges Warm-up, 10 Minuten Kraft- oder Ausdauertraining abwechselnd mit Cardio-Einheiten, und ein zweiminütiges Cool-down. Diese Workouts sollen Ihre Trainingsergebnisse maximieren, indem alle Aspekte der Fitness berücksichtigt werden.

>> CLEVERE Tipps

Zielsetzung ist die beste Methode, um nicht die Motiavtion zu verlieren. Die Ziele sollten folgendermaßen aussehen:

- **Spezifisch** Was genau möchten Sie erreichen? Fett reduzieren, Muskeln formen, Knochenstärke steigern? Mit klaren Zielen können Sie geeignete Übungen auswählen.

- **Messbar** Wenn Ihr Ziel nicht messbar ist, wissen Sie nie, ob Sie es erreicht haben. Spezifische Ziele sind messbar: Muskeltonus lässt sich durch Ausdauerübungen messen (siehe S. 14).

- **Aktionsorientiert** Ein Aktionsplan, der Ihr langfristiges Ziel wöchentlich unterteilt, gibt Ihnen die Befriedigung, kurzfristige Ziele zu erreichen und die Möglichkeit zu beurteilen, ob Ihre Ziele erreichbar sind.

- **Realistisch** Menschen werden oft desillusioniert und brechen das Training ab, wenn sich die gewünschten Resultate nicht einstellen. Entsprechen Ihre Ziele Ihrem Körpertyp? Passen sie zu Ihren Vorlieben?

- **Zeitlich begrenzt** Sich einen Zeitrahmen zu stecken motiviert Sie dazu, bei einem Trainingsprogramm zu bleiben, die Frist sollte jedoch realistisch sein.

Aufbau eines Workouts

Die Warm-ups sind Bewegungsabläufe, die langsam an Intensität zunehmen, einen Vorgeschmack auf den Workout liefern und Ihren Körper auf die nachfolgenden Übungen vorbereiten. Die Krafttrainingsprogramme entsprechen den Richtlinien professioneller Fitnessstudios und trainieren die wichtigsten Hüft-, Schenkel-, Bein-, Rücken-, Brust-, Schulter-, Arm- und Bauchmuskeln. Die einminütigen Cardio-Einheiten führen den Workout mit mehr Intensität weiter, um das Herz zwischen den Ausdauerübungen zum Pumpen zu bringen.

Der Großteil des Workouts umfasst Übungen im Stehen, damit mehr Kalorien verbrannt werden und die Knochendichte erhalten bleibt. Viele sind Kombinationsbewegungen, die mehrere Muskelpartien beanspruchen etwa Ausfallschritt und Rudern (siehe S. 51). Ziel ist es, möglichst viele Muskelgruppen miteinzubeziehen, möglichst viele Kalorien zu verbrennen und zugleich die Koordination der Muskeln zu verbessern.

Kein Workout ist komplett ohne ein Ganzkörperstretching, dies bietet das Cool-down. Im Gegensatz zu traditionelleren Dehnungsübungen, die auf einzelne Muskeln abzielen, beanspruchen diese Positionen mehrere Muskelpartien und sorgen für einen fließenden Übergang untereinander.

Dank all dieser Elemente (dem funktionellen Training) kann sich Ihr Körper besser den Anforderungen des Alltags stellen. Sie werden es das nächste Mal zu schätzen wissen, wenn Sie an einem windigen Regentag nach Hause gehen, in beiden Händen Einkaufstaschen und einen Schirm jonglierend, und noch eine Zeitung kaufen, ohne ins Stolpern zu geraten. Das ist der Lohn für das funktionelle Training.

Um ein optimales Ergebnis zu erzielen und Verletzungen zu vermeiden ist es besonders wichtig, beim Trainieren auf die richtige Ausübung und Haltung zu achten.

Wichtige Utensilien: Ablage und Stoppuhr

>> **Wie gesund** sind Sie?

Die meisten von uns wünschen sich eine schlanke, wohlgeformte Figur, doch bei Körperbau und Form geht es um mehr als nur Aussehen: Sie sind auch eng mit Fitness und Gesundheit verbunden. Dank drei einfacher Methoden lässt sich ermitteln, ob Ihre Körperfettverteilung im gesunden Bereich liegt.

Studien zufolge birgt ein großer Taillenumfang ein höheres Risiko, an Herzleiden, Bluthochdruck und Diabetes zu erkranken als breite Hüften und Schenkel. Dieser Zusammenhang wird auch unter dem Begriff »Äpfel und Birnen« zusammengefasst. Im Gegensatz zu Menschen mit zu viel Fett an Hüften und Schenkeln weisen jene mit apfelförmiger Figur ein erhöhtes Risiko auf, an Krankheiten in Verbindung mit Übergewicht zu erkranken. Obwohl die Körperform vererbt ist, können Sie die Risiken minimieren, indem Sie Ihr Gewicht kontrollieren und sich fit halten.

Eine weitere Methode zur Bestimmung der Körperfettverteilung ist das Verhältnis Taille-Hüfte. Bei Frauen zwischen 20 und 39 gilt ein Wert von über 0,79 als hoch; bei Frauen zwischen 40 und 59 ist er 0,82; und bei jenen zwischen 60 und 69 0,84.

Mit dem Body Mass Index (BMI), basierend auf dem Verhältnis Gewicht-Größe ist das Risiko von Gesundheitsproblemen im Zusammenhang mit Übergewicht messbar. Er ist mitunter ungenau – etwa für jemanden mit viel Muskelmasse, da Muskeln schwerer sind als Fett, doch mit der Tabelle gegenüber lässt sich einfach ermitteln, ob Ihr Gewicht im gesunden Bereich liegt. Ist dies nicht der Fall, sollten Sie Ihren Arzt konsultieren.

Taillenumfang

Hüftumfang

Mit Hilfe des Verhältnisses Taille-Hüfte lässt sich leicht feststellen, ob Ihre Körperfettverteilung ein Gesundheitsrisiko darstellt. Dividieren Sie zur Berechnung des Verhältnisses Ihren Taillenumfang durch Ihren Hüftumfang.

Ermitteln Sie Ihren Body Mass Index (BMI)

Suchen Sie Ihr Gewicht (oder das ihm am nächste) in der linken Spalte; schauen Sie dann die Zeile entlang bis zur Spalte mit Ihrer Größe. Die Zahl, bei der die beiden aufeinander treffen, ist Ihr BMI-Wert. Um herauszufinden, ob Ihr Wert in Relation zu Ihrer Größe gesund ist, schauen Sie sich die Auswertung unterhalb der Tabelle an.

Gewicht	Größe 1,47 m	1,52 m	1,57 m	1,62 m	1,68 m	1,73 m	1,78 m	1,83 m	1,88 m	1,93 m
54 kg	25	24	22	21	19	18	17	16	15	15
57 kg	26	24	23	22	20	19	18	17	16	15
59 kg	27	25	24	22	21	20	19	18	17	16
61 kg	28	26	25	23	22	21	19	18	17	16
63 kg	29	27	26	24	23	21	20	19	18	17
66 kg	30	28	27	25	23	22	21	20	19	18
68 kg	31	29	28	26	24	23	22	20	19	18
70 kg	32	30	28	27	25	24	22	21	20	19
73 kg	34	31	29	28	26	24	23	22	21	20
75 kg	35	32	30	28	27	25	24	22	21	20
77 kg	36	33	31	29	28	26	24	23	22	21
79 kg	37	34	32	30	28	27	25	24	23	21
82 kg	38	35	33	31	29	27	26	24	23	22
84 kg	39	36	34	32	30	28	27	25	24	23
86 kg	40	37	35	33	31	29	27	26	24	23
88 kg	41	38	36	34	32	30	28	27	25	24
91 kg	42	39	37	34	32	30	29	27	26	24
93 kg	43	40	38	35	33	31	29	28	26	25
95 kg	44	41	39	36	34	32	30	29	27	26
98 kg	45	42	39	37	35	33	31	29	28	26
100 kg	46	43	40	38	36	34	32	30	28	27
102 kg	47	44	41	39	36	34	32	31	29	27
104 kg	48	45	42	40	37	35	33	31	30	28
107 kg	49	46	43	40	38	36	34	32	30	29
109 kg	50	47	44	41	39	37	35	33	31	29
111 kg	51	48	45	42	40	37	35	33	32	30

Was bedeutet Ihr Wert?

Unter 19	Sie haben Untergewicht, ein mögliches Zeichen für Unterernährung
19–25	Ihr Körpergewicht liegt im gesunden Bereich
25–30	Sie haben Übergewicht mit einem erhöhtem Gesundheitsrisiko
30 und darüber	Sie sind fettleibig mit einem deutlich erhöhten Gesundheitsrisiko

>> **Testen Sie** Ihre Fitness

Vor Beginn des Trainingsprogramms müssen Sie sich vergewissern, dass es für Sie nicht schädlich ist. Füllen Sie den Fragebogen auf der rechten Seite aus. Wenn Sie sich über Ihren Gesundheitszustand unsicher sind, konsultieren Sie Ihren Arzt. Die drei Tests unten helfen Ihnen, Ihre Fitness zu überprüfen.

Beobachten Sie Ihre Fortschritte

Eine Methode, um Ihre Muskelfitness zu messen, ist zu zählen, wie viele Wiederholungen Sie schaffen oder wie viele Sekunden Sie eine Anspannung halten können. Mit Hilfe der drei gezeigten Übungen können Sie Ihre Muskelausdauer im unteren, mittleren und oberen Körperbereich messen. Schreiben Sie Ihre Ergebnisse mit Datum auf und wiederholen Sie die Tests nach drei Monaten Training.

Wenn Sie gerade erst mit dem Trainieren beginnen oder nach einer langen Pause wieder damit anfangen, können Sie den Test auch erst nach zwei bis drei Monaten regelmäßigem Training durchführen. Wärmen Sie sich vorher auf, indem Sie Ihre Arme und Beine fünf Minuten flott bewegen.

Körpermitte *Crunch*
Zählen Sie, wie viele Crunches Sie hintereinander ohne Absetzen schaffen. Es handelt sich um keinen vollständigen Sit-up. Kopf und Schultern nicht höher als 30° von der Matte heben.

Ihr Ergebnis

Sehr gut	50 Wiederholungen oder mehr
Gut	35–49 Wiederholungen
Mittelmäßig	20–34 Wiederholungen
Schlecht	20 Wiederholungen oder weniger

Unterkörper
Wand-Kniebeugen
Nach unten gleiten, bis die Schenkel parallel zum Boden sind und die Position so lang wie möglich halten. (Wenn Sie nicht ganz nach unten gleiten können, probieren Sie es so weit wie möglich.)

Ihr Ergebnis

Sehr gut
90 Sekunden oder mehr

Gut
60 Sekunden

Mittelmäßig
30 Sekunden

Schlecht
unter 30 Sekunden

Oberkörper *Halb-Liegestütz*
Beim Beugen der Ellbogen einatmen, Brust zu Boden senken. Zurück in Ausgangsposition drücken und dabei ausatmen. Zählen Sie, wie oft Sie es hintereinander ohne Absetzen schaffen.

Ihr Ergebnis

Sehr gut	20 Wiederholungen oder mehr
Gut	15–19 Wiederholungen
Mittelmäßig	10–14 Wiederholungen
Schlecht	10 Wiederholungen oder weniger

TEST Fragebogen für Personen im Alter zwischen 15 und 69

Regelmäßiges Training macht Spaß, ist gesund und jeden Tag beginnen immer mehr Menschen damit. Körperlich aktiv zu sein ist für die meisten Menschen absolut nicht schädlich, einige sollten jedoch ihren Arzt fragen, bevor sie beginnen, intensiver als momentan zu trainieren.

Wenn Sie beabsichtigen, Ihren Körper mehr zu bewegen, als Sie es im Moment tun, beantworten Sie vorher die unten angeführten Fragen. Wenn Sie zwischen 15 und 69 Jahre alt sind, verrät Ihnen das Testergebnis, ob Sie vor Beginn Ihren Arzt konsultieren sollten. Wenn Sie älter als 69 Jahre sind und körperliche Aktivitäten nicht gewohnt sind, fragen Sie bitte Ihren Arzt.

Verlassen Sie sich bei der Beantwortung der Fragen auf Ihre Intuition. Bitte lesen Sie die Fragen zunächst sorgfältig durch und beantworten Sie sie ehrlich mit JA oder NEIN.

JA	NEIN		
☐	☐	**1**	Hat Ihr Arzt jemals gesagt, dass Sie ein Herzleiden haben und nur vom Arzt empfohlene körperliche Aktivitäten ausüben sollten?
☐	☐	**2**	Spüren Sie bei körperlicher Betätigung Schmerzen in der Brust?
☐	☐	**3**	Hatten Sie im letzten Monat Schmerzen in der Brust, wenn Sie nicht körperlich aktiv waren?
☐	☐	**4**	Verlieren Sie das Gleichgewicht aufgrund von Schwindel oder verlieren Sie das Bewusstsein?

JA	NEIN		
☐	☐	**5**	Haben Sie Knochen- oder Gelenksprobleme (zum Beispiel Rücken, Knie oder Hüfte), die sich durch gesteigerte körperliche Aktivität verschlimmern könnten?
☐	☐	**6**	Hat Ihnen Ihr Arzt im Moment Medikamente (zum Beispiel Betablocker) für Ihren Blutdruck oder Ihr Herzleiden verschrieben?
☐	☐	**7**	Kennen Sie einen anderen Grund, warum Sie sich nicht körperlich anstrengen sollten?

Wenn Sie eine oder mehr Fragen mit JA beantwortet haben

Sprechen Sie mit Ihrem Arzt BEVOR Sie körperlich aktiver werden oder BEVOR Sie einen Fitnesstest machen.
Erzählen Sie Ihrem Arzt von dem Test und welche Fragen Sie mit JA beantwortet haben.
• Es kann sein, dass Sie jede Aktivität machen können, die Sie möchten – so lange Sie langsam beginnen und sich nach und nach steigern. Oder Sie müssen sich möglicherweise auf bestimmte Aktiväten beschränken, die für Sie nicht schädlich sind. Sprechen Sie mit Ihrem Arzt über jene Aktiväten, die Sie gerne machen würden, und befolgen Sie seinen Ratschlag.
• Finden Sie heraus, welche Programme für Sie nicht schädlich sind und die Ihnen gut tun.

Wenn Sie alle Fragen mit NEIN beantwortet haben

Wenn Sie alle Fragen ehrlich mit NEIN beantwortet haben, können Sie sicher sein, dass Sie:
• anfangen können, körperlich aktiver zu werden – beginnen Sie langsam und steigern Sie sich nach und nach. Das ist die sicherste und einfachste Weise.
• einen Fitnesstest machen können – eine hervorragende Methode, um Ihre momentane Fitness zu ermitteln und den besten Weg für ein aktives Leben zu finden. Sie sollten auch unbedingt Ihren Blutdruck messen lassen. Wenn Ihr Wert über 144/94 liegt, sprechen Sie vorher mit Ihrem Arzt.

MACHEN SIE KEINE ZUSÄTZLICHEN AKTIVITÄTEN:
• wenn Sie sich wegen einer momentanen Krankheit (wie Erkältung oder Fieber) nicht gut fühlen – warten Sie, bis Sie gesund sind.
• wenn Sie schwanger sind oder es sein könnten – sprechen Sie mit Ihrem Arzt, bevor Sie körperlich aktiver werden.

BITTE BEACHTEN SIE:
Ändert sich Ihr Gesundheitszustand, sodass Sie eine der oben angeführten Fragen mit JA beantworten müssen, fragen Sie Ihren Fitnesstrainer oder Arzt, ob Sie Ihren Trainingsplan ändern sollten.

Quelle: Physical Activity Readiness Questionnaire (PAR-Q) © 2002. Nachdruck mit feundlicher Genehmigung der Canadian Society for Exercise Physiology. http://www.csep.ca/forms.asp

>> **Ihr Trainings**programm

Da Sie nun Ihre momentane Kondition getestet haben, sind Sie jetzt bereit, Ihre Fitness und Gesundheit sowie Ihr Aussehen, Ihre Energievorräte und Ihr allgemeines Wohlbefinden zu verbessern. Jeder 15-minütige Workout verbindet Cardio- mit Krafttraining und Stretching.

Herz-Kreislauf-System, Muskelkraft, Ausdauer, Beweglichkeit und Körperbau sind jene Aspekte physischer Fitness, die am engsten mit der Gesundheit verbunden sind, ebenso wie mit dem Risiko, an bestimmten Krankheiten zu erkranken – insbesondere an Krankheiten, die in Zusammenhang mit körperlicher Inaktivität stehen.

Der Nutzen von Herz-Kreislauf-Fitness

Ein gesundes Herz-Kreislauf-System sorgt für einen stärkeren Herzmuskel, eine langsamere Herzfrequenz, ein niedrigeres Herzinfarktrisiko und eine höhere Überlebenschance im Falle eines Herzinfarkts. Regelmäßige Aerobicübungen können den Blutdruck sowie die Blutfettwerte senken und somit der Verstopfung der Arterien (Arteriosklerose) vorbeugen. Zudem lassen sich dadurch der Blutkreislauf sowie die Fähigkeit des Blutes, Sauerstoff zu transportieren, verbessern. Durch Herz-Kreislauf-Fitness sinkt auch das Riskio, an bestimmten Krebsarten, Fettleibigkeit, Diabetes, Osteoporose, Depressionen oder Angstzuständen zu erkranken.

Mittels Training wird Ihr Herz stärker und kann mit jedem Schlag mehr Blut pumpen, was zu einer niedrigeren Herzfrequenz beim Training und im Ruhezustand führt. Der durchschnittliche Ruhewert liegt bei 60 bis 80 Schlägen pro Minute. Messen Sie Ihren Wert vor Beginn des Programms, dann acht Wochen später und vergleichen Sie die Werte. Finden Sie Ihren Puls (siehe links), zählen Sie den ersten Schlag als »Null« und stoppen Sie 30 Sekunden. Multiplizieren Sie den Wert mit zwei, um die Anzahl der Schläge pro Minute zu ermitteln.

Pulsmessen Um den Puls am Handgelenk zu messen (»Radialispuls«) legen Sie den Zeige- und Mittelfinger auf das Gelenk der anderen Hand. Oder Sie nehmen den Puls am Hals (»Carotispuls«), genau unter dem Kieferknochen seitlich des Kehlkopfes.

Muskelstärke und Ausdauer

Muskelstärke (die Fähigkeit, Kraft auszuüben) und Ausdauer (die Fähigkeit der Muskeln, sich wiederholt anzuspannen) helfen Ihnen, effizienter zu arbeiten und Müdigkeit, Muskelkater und Rückenprobleme zu vermeiden. Mit kräftigeren Muskeln und Gelenken können Sie die Intensität und Dauer Ihres Herz-Kreislauf-Trainings steigern. Im Zuge des Muskeltrainings können Sie auch Ihre Knochen stärken und somit das Osteoporoserisiko senken.

Stretching und Beweglichkeit

Ihre Fähigkeit, die Muskeln zu dehnen und die Gelenke beweglich zu halten ist ein weiterer Aspekt der Muskelfitness. Stretching verbessert die Haltung, indem bestimmte Muskeln daran gehindert werden, sich zu verkürzen und zusammenzuziehen; es wirkt den physischen Anstrengungen des Alltags entgegen und entspannt die Muskeln.

Häufigkeit und Dauer

Zum Krafttraining sollten Sie mindestens zwei 15-minütige Einheiten pro Woche absolvieren. Kein Muskel sollte mehr als drei Mal wöchentlich bearbeitet werden. Legen Sie zwischen jedem Muskeltraining einen Tag Pause ein, da die Regeneration und Erholung der Muskelfasern ebenso wichtig ist wie das Training selbst. Die Dauer der Einheit wird, abhängig von Ihrer Fitness und der verfügbaren Zeit, zwischen 15 und 60 Minuten variieren.

Langfristiges Erfolgsprogramm

Sie sollten die Workouts oder deren Reihenfolge regelmäßig abwechseln, damit Ihre Muskeln aktiv bleiben. Vielleicht greifen Sie auch zu schwereren Gewichten (siehe S. 122–123 für Ausrüstung), aber bedenken Sie, dass dies zu Problemen in Hals, Schulter, Ellbogen, unterem Rücken oder Knien führen kann. Einige Muskelpartien schaffen vielleicht schwere Gewichte, andere jedoch nicht, seien Sie also vorsichtig. Die richtige Haltung und Core-Training sind ebenso wichtige Aspekte Ihres Fitnessprogramms (siehe S. 118–121).

>> **Gerüchte** über Krafttraining

- **Gerücht 1**
  Durch Krafttraining nimmt man zu.

  Wahrheit Nur wenn man einen hohen Testosteronspiegel hat und sehr schwere Gewichte benutzt. Den meisten Frauen fehlen die notwendigen Hormone und die Stärke, erhebliche Muskelmasse aufzubauen.

- **Gerücht 2**
  Man sollte nicht mit Gewichten trainieren, wenn man älter, übergewichtig oder nicht fit ist.

  Wahrheit Krafttraining verjüngt, formt den Körper und reduziert das Körpergewicht.

- **Gerücht 3**
  Schlanke Menschen brauchen keinen dünnen Körper aufzubauen.

  Wahrheit Dünnsein ist keine Garantie dafür, dass man auch schlank ist. Ohne Gewichtstraining verliert man ständig Muskelmasse und legt im Alter an Fett zu.

- **Gerücht 4**
  Bestimmte Übungen mit Gewichten helfen bei der lokalen Fettverbrennung.

  Wahrheit Eine bestimmte Körperzone lässt sich stärken und formen, doch Fett ist im ganzen Körper verteilt und muss überall reduziert werden, indem man (durch Training) mehr Kalorien verbrennt als aufnimmt.

- **Gerücht 5**
  Aerobic, nicht **Krafttraining**, ist der beste Weg, um Gewicht zu verlieren.

  Wahrheit Gewichtsreduktion erfordert ein ausgewogenes Übungsprogramm aus Aerobic und Krafttraining zur Anregung des Stoffwechsels zur Kalorienverbrennung.

15 Minuten

Step-Touch >>

Gewöhnen Sie sich mit diesem einfacheren Workout langsam an das regelmäßige Training.

>> **Warm-up** Marschieren/Fersenstoß

1 **Marschieren** Beine parallel in Hüftbreite hinstellen, Knie locker, Arme seitlich. Auf der Stelle marschieren und ein Knie leicht beugen, sodass der Fuß etwas vom Boden gehoben wird. Den gegenüberliegenden Arm nach vorne schwingen und den anderen nach hinten. Fuß auf dem Ballen aufsetzen und bis zur Ferse abrollen. Weiter mit gegengleichen Armbewegungen marschieren. Insgesamt 8 Wdh. (1 Wdh. = beide Seiten).

2 **Fersenstoß** Weiter marschieren, nun mit den Füßen einen Fersenstoß nach vorne machen. Bein nach vorne strecken, Knie gerade, Ferse am Boden, Zehen nach oben. Arme dabei weiterhin gegengleich schwingen, Ellbogen seitlich gebeugt, vordere Faust auf Schulterhöhe heben. Dabei die Bauchmuskeln anspannen. Insgesamt 8 Mal wiederholen (1 Wdh. = beide Seiten).

Fuß von den Zehen bis zur Ferse abrollen

Lockere Faust

Ferse auf den Boden setzen, Zehen nach oben

>> Step-Touch

>> **Warm-up** Zehenstrecken/Knie anziehen

3 **Zehenstrecken** Nun die Zehen nach vorne strecken und weitermarschieren, Füße und Arme gegengleich. Beim Dehnen des Beins den Fuß durchstrecken, von der Zehe bis zur Hüfte. Arme beim Schwingen gerade halten, vordere Hand auf Schulterhöhe heben. Achten Sie auf Ihre Haltung. Die Schultern bleiben über den Hüften, über Ihren Fußgelenken. Geradeaus blicken. Insgesamt 8 Mal wiederholen (1 Wdh. = beide Seiten).

4 **Knie anziehen** Steigern Sie die Intensität, indem Sie das vordere Knie auf Hüfthöhe beugen. Wenn Sie das Knie höher als Ihre Hüfte heben können, sorgen Sie mit Hilfe Ihrer Bauch- und Rückenmuskeln für die vorgeschriebene Haltung. Die Arme weiterhin gegengleich schwingen, dabei den vorderen Ellbogen auf Schulterhöhe heben. Insgesamt 8 Mal wiederholen (1 Wdh. = beide Seiten).

Rippen über den Hüften

Zehen strecken

Ellbogen im 90°-Winkel

Körper gerade nach vorne halten

Knie im 90°-Winkel

Step-Touch >>

>> Warm-up Ausfallschritt/Seitheben

5 Ausfallschritt Im selben Rhythmus bleiben, ein Bein beugen und das andere nach hinten strecken, Ferse angehoben. Beide Arme auf Schulterhöhe nach vorne strecken. Mit dem Ballen des hinteren Fußes abstoßen, Arme kommen seitlich zurück, dann Seite wechseln und die Übung wiederholen. Insgesamt 8 Wdh. (1 Wdh. = beide Seiten).

6 Seitheben Im selben Rhythmus bleiben, beide Knie beugen, Arme zur Seite. Dann beide Beine strecken, ein Bein zur Seite heben und beide Arme auf Schulterhöhe heben. Das gehobene Bein wieder in Ausgangsposition stellen, Knie gebeugt. Mit Seitenwechsel 8 Mal wiederholen (1 Wdh. = beide Seiten). Nun folgt das **Warm-up in umgekehrter Reihenfolge** beginnend mit Schritt 5 zurück zu Schritt 1, auf der Stelle marschieren.

Arme auf Schulterhöhe heben

Rumpf gerade halten

Knie direkt über dem Knöchel positionieren

Mit dem Fußballen abstoßen

Knie beugen und strecken

>> Step-Touch

>> **Kraft** Plié mit Seitheben

7a **Plié mit Seitheben**
Nehmen Sie zwei kleine Gewichte und stehen Sie breitbeinig. Fersen belasten und die Beine aus den Hüften heraus nach außen drehen, bis die Füße im 45°-Winkel sind. Gewichte mit den Handflächen nach innen halten, Arme seitlich und gerade. Bauchmuskeln fest anspannen, dabei die Schulterblätter nach unten und zusammenziehen.

7b Einatmen und dabei die Knie in einer Linie mit den Füßen beugen, Arme auf Schulterhöhe seitlich heben, Daumen nach oben. Die Arme leicht nach vorne abwinkeln, genau über den Schenkeln. Ellbogen leicht gerundet und Handgelenke gerade halten. Austamen und Fersen durchdrücken, dabei Beine strecken und Arme in die Ausgangsposition senken. Stellen Sie sich bei der Bewegung vor, Sie gleiten eine Wand hinauf und hinab. Insgesamt 12 Mal wiederholen.

Brust angehoben halten

Beine im 45°-Winkel nach außen drehen

Ellbogen leicht gerundet halten

Knie in einer Linie mit Füßen beugen

Step-Touch >>

>> **Cardio** Step & Punch

8a **Step & Punch** Legen Sie die Gewichte für die erste Cardio-Einheit beiseite. Füße parallel in Schulterbreite hinstellen, Knie leicht gebeugt. Arme beugen und auf Schulterhöhe halten, Hände zu lockeren Fäusten geballt. Auf die Haltung achten: Schulterblätter unten halten, Bauchmuskeln angespannt, Brust angehoben, der Rumpf bleibt gerade.

8b Einatmen, beim Ausatmen Knie durchstrecken und einen Arm diagonal über den Körper ausstrecken (wie bei einem Schlag), dabei die Ferse desselben Beins heben. Den anderen Arm auf Schulterhöhe angewinkelt halten. Zurück zur Ausgangsposition und dabei einatmen. Die Übung mit Seitenwechsel 12 Mal wiederholen (1 Wdh. = beide Seiten).

— Rumpf geradeaus

— Knie leicht beugen

— Der Kopf folgt der Bewegung

— Rumpf leicht drehen

— Ferse heben, Zehen am Boden

>> Step-Touch

>> **Cardio** Beugen und Pressen

9a Beugen und Pressen
Füße parallel in Schulterbreite hinstellen, Knie locker. Arme nach vorne auf Schulterhöhe heben, schulterbreit auseinander, Hände zu lockeren Fäusten geballt, Handflächen nach unten. Knie locker halten. Mit Hilfe der Bauch- und Rückenmuskeln Wirbelsäule in normaler Haltung halten, Schulterblätter senken und die Muskeln des mittleren Rückens trainieren.

9b
Normal atmen, ein Bein belasten und gleichzeitig das andere nach hinten beugen, Ferse zum Po und somit den Beinbeugemuskel anziehen. Arme parallel nach unten halten, Ellbogen im rechten Winkel, Schulterblätter zusammenpressen. Bei der Rückkehr zur Ausgangsposition einatmen. Beine abwechseln und insgesamt 8 Mal wiederholen (1 Wdh. = beide Seiten).

Wirbelsäule in normaler Haltung

Arme parallel zum Boden

Schulterblätter zusammendrücken

Knie im 90°-Winkel beugen

Step-Touch >>

>> **Cardio** Knieheben mit Drehung

10a **Knieheben mit Drehung**
Füße parallel in Hüftbreite hinstellen, Knie locker. Arme seitlich auf Schulterhöhe heben und Ellbogen im 90°-Winkel beugen; mit nach vorne zeigenden Handflächen Hände zu lockeren Fäusten ballen. Nicht vergessen, die Schulterblätter unten und die Bauchmuskeln angespannt zu halten.

10b Rücken gerade halten, Knie auf Hüfthöhe beugen. Ausatmen und den Rumpf zur Mitte drehen, um den Ellbogen diagonal zum gehobenen Knie zu führen. Bei der Rückkehr zur Ausgangsposition einatmen und mit Seitenwechsel 8 Mal wiederholen (1 Wdh. = beide Seiten).

Schulterblätter unten und zusammen halten

Arme weit auseinander

Rumpf gerade halten

>> Step-Touch

>> **Kraft** Ausfallschritt & Beugen/Rudern

11 **Ausfallschritt und Beugen** Nehmen Sie zwei große Gewichte. Im Ausfallschritt stehen, einen Fuß nach vorne. Das Gewicht in der gegenüberliegenden Hand halten, Handfläche nach vorne. Einatmen und die Knie in einen Ausfallschritt beugen, einen Ellbogen beugen und das Gewicht auf Schulterhöhe heben. Ausatmen und in Ausgangsposition zurückkehren. 12 Wdh. pro Seite (1 Wdh. = beide Seiten). **Machen Sie die nächste Cardio-Einheit, Schritte 8–10 (S. 24–26).**

12 **Rudern mit einem Arm** Nehmen Sie zwei große Gewichte und gehen Sie in den Ausfallschritt, von der Hüfte aus auf 45° beugen. Einatmen und dabei den gegenüberliegenden Ellbogen nach hinten auf 90° beugen, Gewicht auf Taillenhöhe heben. 12 Wdh. auf beiden Seiten. **Machen Sie die nächste Cardio-Einheit, Schritte 8–10 (S. 24–26).**

Ellbogen nah am Körper halten

Gewicht des ruhenden Arms auf dem Schenkel abstützen

Fußballen zu Boden drücken

Schulterblätter nach innen zur Wirbelsäule drücken

Ferse zum Boden

Step-Touch >>

>> **Kraft** Kniebeuge/Trizeps-Kickback

13 **Kniebeuge** Nehmen Sie zwei große Gewichte und stellen Sie die Füße parallel in Schulterbreite hin, Knie locker. Handflächen zeigen nach innen. Das Gewicht nach hinten auf die Fersen verlagern und beim Einatmen Knie beugen und Hüften nach hinten strecken. Ausatmen und in die Ausgangsposition zurückkehren, dabei Pobacken anspannen und Beine strecken. 12 Mal wiederholen. **Machen Sie die nächste Cardio-Einheit, Schritte 8–10 (S. 24–26).**

14 **Trizeps-Kickback** Nehmen Sie zwei kleine Gewichte und gehen Sie in den Ausfallschritt, Oberkörper nach vorne beugen. Den Ellbogen auf 90° beugen und den Oberarm möglichst parallel zum Boden heben. Einatmen, dann ausatmen und dabei den Unterarm nach hinten strecken. 12 Wdh. pro Seite. **Machen Sie die nächste Cardio-Einheit, Schritte 8–10 (S. 24–26).**

Hüften nach hinten strecken

Gewicht auf die Fersen verlagern

Wirbelsäule gerade halten

Ferse unten halten

>> Step-Touch

>> **Cool-down** Seitstretch/Sonnengruß

15 **Seitstretch** Füße parallel in Hüftbreite hinstellen, Knie locker. Schulterblätter nach unten ziehen und beide Arme nach oben strecken. Die Daumen greifen ineinander und die Ohren sind zwischen den Ellbogen. Ein paar Mal tief atmen, um die Wirbelsäule zu strecken, die Kopf und Rippen nach oben heben.

– Rippen nach oben

– Füße parallel in Hüftbreite hinstellen

16 **Sonnengruß** Wirbelsäule gestreckt halten, Hüften, Schenkel und Pobacken anspannen. Nach oben strecken und den unteren Rücken leicht zurückbeugen. Nach oben blicken und dabei den Kopf in der Mitte zwischen den Ellbogen halten. In die Ausgangsposition zurückkehren und Arme seitlich senken. Während der Übung normal atmen.

– Nach oben blicken

– Rücken strecken

Step-Touch >>

>> **Cool-down** Abrollen/Liegestütz

17 **Abrollen der Wirbelsäule** Aus dem Stand, Arme seitlich, das Kinn zur Brust drücken und einen Wirbel nach dem anderen abrollen. Die Arme beim Wölben der Wirbelsäule langsam vor den Körper senken. Spüren Sie, wie sich Ihre Schulterblätter trennen. Knie locker halten. Diese Position halten, natürlich atmen. Spüren Sie ein Ziehen in den hinteren Oberschenkenmuskeln.

18 **Liegestütz** In den Liegestütz gehen, Zehen auf den Boden pressen und Handgelenke unter den Schultern positionieren. Bauchmuskeln anspannen, damit der untere Rücken nicht durchhängt, Körper in einer geraden Linie vom Kopf bis zu den Fersen halten. Während der Übung normal atmen und die Position halten.

Gerade Linie vom Kopf bis zu den Fersen

Handgelenke unter den Schultern positionieren, Hände nach vorne

>> Step-Touch

>> **Kraft** Käfer

19a
Käfer Auf den Rücken drehen, Knie über den Hüften gebeugt, Waden parallel zum Boden, Füße entspannt. 90°-Winkel im Knie. Den Kopf leicht auf den Fingerspitzen ruhen lassen, Daumen am Ohr.

Waden parallel zum Boden positionieren

Einen 90°-Winkel in den Hüften bilden

19b
Bauchmuskeln anspannen. Einatmen, beim Heben der Schultern ausatmen und dabei die rechte Schulter zum linken Knie drehen und das rechte Bein ausstrecken. In die Ausgangsposition zurückkehren. Einatmen, beim Drehen zur anderen Seite ausatmen. 10 Mal mit Seitenwechsel wiederholen. (1 Wdh. = beide Seiten).

Bein im 45°-Winkel strecken

Spüren Sie es hier

Kopf und Schultern oben halten

Bauchmuskeln anspannen

Spüren Sie es hier

Step-Touch >>

>> **Cool-down** Wirbelsäulendrehung/Dehnen

20 **Wirbelsäulendrehung** Flach auf den Rücken legen. Arme parallel zu den Schultern ausstrecken, Handflächen zeigen nach unten. Knie nach einer Seite zum Boden anziehen und den Kopf in die entgegengesetzte Richtung drehen. Tief atmen.

Knie zum Boden anziehen

Kopf in die den Knien entgegengesetzte Richtung drehen

21 **Dehnen** Seitlich hinlegen, Hüften und Schultern in einer Linie, beide Knie vorne im 45°-Winkel gebeugt. Den unteren Arm beugen und den Kopf darauf ruhen lassen. Den oberen Arm nach hinten strecken und die Ferse an den Po bringen, sodass das Knie in einer Linie mit der Hüfte ist. In die Dehnung hineinatmen. Wirbelsäulendrehung und Dehnen auf der anderen Seite wiederholen.

Knie auf Hüftlinie

Ferse an den Po bringen

>> Step-Touch

>> **Cool-down** Sphinx/Kind-Stellung

22 Sphinx
Auf den Bauch rollen. Ellbogen anwinkeln und die Unterarme auf der Matte abstützen. Schulterblätter nach unten ziehen und dabei die Brust heben, Ellbogen nach vorne schieben, sodass sie direkt unter den Schultern sind. Kopf zur Seite drehen, dann zur anderen, um den Nacken zu dehnen. Jede Position halten und normal atmen.

Spüren Sie es hier

Schulterblätter zusammen und nach unten ziehen

Schambein in den Boden drücken

Spüren Sie es hier

23 Kind-Stellung
Auf die Fersen setzen und nach vorne beugen, Stirn in Richtung Matte, Arme nach vorne gestreckt. Hände auf eine Seite bringen und dabei den Kopf zwischen den Ellbogen halten, dann zur anderen Seite bewegen. Mit jedem Ausatmen den Körper tiefer in die Position sinken lassen.

Spüren Sie es hier

Kopf in der Mitte zwischen den Ellbogen halten

Arme nach vorne strecken

Step-Touch >>

▲ **Warm-up,** Ausfallschritt, Seite 22

▲ **Warm-up,** Seitheben, Seite 22. Wiederholung Schritte 5–1

▲ **Kraft,** Plié mit Seitheben, Seite 23

▲ **Kraft,** Plié mit Seitheben, Seite 23

▲ **Cool-down,** Sonnengruß, Seite 29

▲ **Cool-down,** Abrollen der Wirbelsäule, Seite 30

▲ **Cool-down,** Liegestütz, Seite 30

Step-Touch auf einen Blick

▲ **Warm-up,** Marschieren, Seite 20

▲ **Warm-up,** Fersenstoß, Seite 20

▲ **Warm-up,** Zehenstrecken, Seite 21

▲ **Warm-up,** Knie anziehen, Seite 21

▲ **Kraft,** Kniebeugen, Seite 28. Wiederholung Schritte 8–10

▲ **Kraft,** Trizeps-Kickback, Seite 28. Wiederholung Schritte 8–10

▲ **Cool-down,** Seitstretch, Seite 29

15 Minuten Übersicht

>> Fragen & Antworten

Im Folgenden werden Fragen behandelt, die Sie sich als Anfänger wahrscheinlich während der ersten Trainingseinheiten stellen werden, zum Beispiel, wie oft man trainieren sollte, ob man dabei abnimmt und wie man trotz eines vollen Terminkalenders Zeit fürs Workout finden kann.

>> Wie kann ich möglichst schnell möglichst viele Kilos verlieren?

Lassen Sie die Finger von Crash-Diäten! Eine Diät alleine verhindert gesunden Gewichtsverlust, da sie zu einem schlechten Stoffwechsel, größerem Appetit und schlaffen Muskeln führen kann. Sport kann den Stoffwechsel anregen, Appetit zügeln und Muskelgewebe erhalten. Gewichtsverlust durch Sport bedeutet in erster Linie Fettverlust. Essen und trainieren Sie so, dass Sie dieses Programm langfristig durchführen können.

>> Mein Terminkalender ist so voll, dass ich kein Training unterbringe. Was soll ich tun?

Ihre Gesundheit kommt zu kurz. Sport kann Ihr Leben verlängern! Regelmäßiges Training verringert das Risiko von Herzkrankheiten, Diabetes sowie Gebärmutter-, Dickdarm und Brustkrebs. Finden Sie die beste Tageszeit für Ihren Sport heraus und planen Sie Ihr Training fest in Ihren Alltag ein. Seien Sie flexibel und ändern Sie Ihre Pläne, falls etwas Wichtiges dazwischen kommt. Verzichten Sie keinesfalls ganz auf Ihr Training, sondern suchen Sie einen Ersatztermin.

>> Stimmt es, dass sich der Stoffwechsel ab 30 verlangsamt? Kann Sport dagegen helfen?

Bereits mit 25 beginnt der Mensch, Muskelmasse und Kraft abzubauen. Im Körper finden kleine Veränderungen statt, die nicht weiter auffallen, wenn Sie auf die Waage steigen. Auch wenn Sie Ihr Gewicht lange halten, beginnt der Körper, magere Muskelmasse abzubauen und Körperfett anzusetzen. Im Hinblick auf den Stoffwechsel sind Muskeln aktiver als Fett und kurbeln den Stoffwechsel an.

15 Minuten Übersicht

▲ **Cardio,** Knieheben mit Drehung, Seite 26

▲ **Cardio,** Knieheben mit Drehung, Seite 26

▲ **Kraft,** Ausfallschritt und Beugen, Seite 27. Wiederholung Schritte 8–10

▲ **Kraft,** Rudern mit einem Arm, Seite 27. Wiederholung Schritte 8–10

▲ **Cool-down,** Sphinx, Seite 33

Dehnen, Seite 32

▲ **Cool-down,** Kind-Stellung, Seite 33

▲ **Cardio,** Step & Punch, Seite 24

▲ **Cardio,** Step & Punch, Seite 24

▲ **Cardio,** Beugen & Pressen, Seite 25

▲ **Cardio,** Beugen & Pressen, Seite 25

▲ **Kraft,** Käfer, Seite 31

▲ **Kraft,** Käfer, Seite 31

▲ **Cool-down,** Wirbelsäulendrehung, Seite 32

▲ **Cool-down,**

>> Fragen & Antworten

Im Folgenden werden Fragen behandelt, die Sie sich als Anfänger wahrscheinlich während der ersten Trainingseinheiten stellen werden, zum Beispiel, wie oft man trainieren sollte, ob man dabei abnimmt und wie man trotz eines vollen Terminkalenders Zeit fürs Workout finden kann.

>> Wie kann ich möglichst schnell möglichst viele Kilos verlieren?

Lassen Sie die Finger von Crash-Diäten! Eine Diät alleine verhindert gesunden Gewichtsverlust, da sie zu einem schlechten Stoffwechsel, größerem Appetit und schlaffen Muskeln führen kann. Sport kann den Stoffwechsel anregen, Appetit zügeln und Muskelgewebe erhalten. Gewichtsverlust durch Sport bedeutet in erster Linie Fettverlust. Essen und trainieren Sie so, dass Sie dieses Programm langfristig durchführen können.

>> Mein Terminkalender ist so voll, dass ich kein Training unterbringe. Was soll ich tun?

Ihre Gesundheit kommt zu kurz. Sport kann Ihr Leben verlängern! Regelmäßiges Training verringert das Risiko von Herzkrankheiten, Diabetes sowie Gebärmutter-, Dickdarm und Brustkrebs. Finden Sie die beste Tageszeit für Ihren Sport heraus und planen Sie Ihr Training fest in Ihren Alltag ein. Seien Sie flexibel und ändern Sie Ihre Pläne, falls etwas Wichtiges dazwischen kommt. Verzichten Sie keinesfalls ganz auf Ihr Training, sondern suchen Sie einen Ersatztermin.

>> Stimmt es, dass sich der Stoffwechsel ab 30 verlangsamt? Kann Sport dagegen helfen?

Bereits mit 25 beginnt der Mensch, Muskelmasse und Kraft abzubauen. Im Körper finden kleine Veränderungen statt, die nicht weiter auffallen, wenn Sie auf die Waage steigen. Auch wenn Sie Ihr Gewicht lange halten, beginnt der Körper, magere Muskelmasse abzubauen und Körperfett anzusetzen. Im Hinblick auf den Stoffwechsel sind Muskeln aktiver als Fett und kurbeln den Stoffwechsel an.

>> Ich bin schon dünn. Weshalb muss ich Gewichte stemmen, um Muskelmasse aufzubauen?

Ein schlanker Körper bedeutet nicht automatisch guten Muskeltonus oder effiziente Muskelkraft. Durch das Heben von Gewichten werden die Konturen des Körpers modelliert und die Knochen gestärkt. Durch Kraft- oder Ausdauertraining werden Muskeln aufgebaut, der Stoffwechsel und Kraftreserven gefördert. Der Körper erschlafft daher im Alter weniger. Kräftigere Menschen sind deutlich aktiver und unabhängiger.

>> Sind lange, langsame und gleichmäßige Workouts gut für die Fettverbrennung?

Es ist richtig, dass weniger intensive Aerobicübungen etwas mehr Kalorien in Form von Fett verbrennen (im Gegensatz zu Kohlenhydraten), es spielt jedoch bei der Fettverbrennung keine Rolle, in welcher Form die Kalorien gespeichert sind. Ausschlaggebend ist die Gesamtanzahl der verbrannten Kalorien. Kürzere, intensivere Workouts können dieselbe Menge an Kalorien verbrennen wie längere, weniger intensive Einheiten.

>> Ich trainiere drei Mal pro Woche. Ist das genug?

Um den gewünschten Effekt zu erzielen, sind mindestens zwei Krafttrainings pro Woche notwendig. Dabei sollte keine Muskelpartie mehr als drei Mal pro Woche trainiert werden. Dreimal die Woche ist perfekt für das Body-Workout-Programm, bei dem die wichtigsten Muskelgruppen beansprucht werden. Zwischen dem Krafttraining sollte immer ein Tag Pause eingelegt werden. Sollten Sie auch dazwischen trainieren wollen, sind Cardioübungen wie Spazierengehen oder Treppensteigen empfehlenswert.

>> Ich trainiere gerne, aber machen 15 Minuten täglich wirklich einen Unterschied?

Studien belegen, dass sich die Wirkung des Trainings summiert und sich positiv auf Gesundheit, Gewicht und allgemeine Fitness auswirkt. Ausschlaggebend ist die Regelmäßigkeit. Kurze Übungseinheiten in regelmäßigen Abständen verringern das Risiko von chronischen Erkrankungen wie Diabetes und Bluthochdruck. Sie verbessern auch das allgemeine Erscheinungsbild, da sie Fett verbrennen und den Tonus und die Beweglichkeit der Muskeln fördern.

15 Minuten

Beachball >>

Verbessern Sie Ihre Koordination und Ihr Gleichgewicht und bringen Sie mit einem Ball Abwechslung in Ihren Workout.

>> **Warm-up** Schwing-Ausfallschritt/Skater

1 Schwing-Ausfallschritt
Füße parallel, etwas weiter als in Schulterbreite hinstellen, Knie gebeugt. Leicht nach vorne lehnen und den Ball auf Hüfthöhe halten. Ein Bein strecken und einen Ausfallschritt in die andere Richtung machen, dabei den Ball zur gegenüberliegenden Hüfte führen. Mit Seitenwechsel insgesamt 8 Mal wiederholen (1 Wdh. = beide Seiten).

2 Skater Füße parallel in Hüftbreite hinstellen, Knie gebeugt. Den Ball die Brust halten. Ein Knie gebeugt halten, das Gewicht darauf verlagern und dabei das andere Bein zur Seite strecken, die Zehen bleiben leicht am Boden. Arme diagonal ausstrecken und den Ball vom gestreckten Bein wegdrücken. In die Ausgangsposition zurückkehren und mit Seitenwechsel insgesamt 8 Mal wiederholen. (1 Wdh. = beide Seiten).

Ball von Hüfte zu Hüfte bewegen

Füße beim Ausfallschritt am Boden halten

Der Kopf folgt der Bewegung

Ball vom gestreckten Bein wegdrücken

Fuß bleibt leicht am Boden

>> Beachball

>> Warm-up Pendel-/Körperschwung

3 Pendelschwung Füße parallel in Schulterbreite hinstellen, Knie gebeugt. Ball nach unten halten. Hochspringen und dabei Arme und Beine strecken, den Ball zu einer Seite in die Höhe schwingen. Die gegenüberliegende Ferse heben. Ball nach unten in Ausgangsposition schwingen, mit Seitenwechsel 8 Mal wiederholen (1 Wdh. = beide Seiten).

4 Körperschwung Füße in Schulterbreite hinstellen, Knie leicht gebeugt. Ball hochhalten. Ein Bein nach innen stellen und die Taille beugen, Ball auf dieselbe Seite schwingen. Mit Seitenwechsel 8 Mal wiederholen (1 Wdh. = beide Seiten).

- Arme strecken und Ball nach oben heben
- Rumpf drehen
- Ferse vom Boden heben
- Schulterblätter nach unten ziehen
- Kopf in der Mitte zwischen den Ellbogen halten
- Füße zusammenstellen

Beachball >>

>> **Warm-up** Holzhacker/Beugen und Drücken

5 **Holzhacker** Ball weiter über den Kopf halten, Füße parallel in Schulterbreite hinstellen, Knie locker. Knie beugen, Hüften nach hinten strecken, Fersen auf den Boden gedrückt halten. Mit gestreckten Armen den Ball nach unten bringen und bis zu den Knien senken. 8 Mal wiederholen.

6 **Beugen und Drücken** Ball nach oben strecken, dann beide Ellbogen beugen und hinter den Kopf senken. Gleichzeitig ein Bein nach hinten ziehen und die Ferse zu den Pobacken heben. Mit Beinwechsel insgesamt 8 Mal wiederholen (1 Wdh. = beide Seiten). **Wiederholen Sie die Schritte 5–1 (umgekehrte Reihenfolge) zum Abschluss des Warm-ups.**

Hüften nach hinten strecken

Arme gerade halten

Fersen unten halten

Gerade Linie vom Ellbogen bis zum Knie

Schenkel gerade halten

>> Beachball

>> **Kraft** Plié mit Heben

7a **Plié mit Heben** Den Ball beiseite legen und ein großes Gewicht für die erste Ausdauerübung nehmen. Füße etwas breiter als schulterbreit hinstellen, Gewicht auf die Fersen verlagern und Beine von den Hüften aus 45° nach außen drehen. Gewicht mit einer Hand an jedem Ende horizontal halten, Arme weisen gerade nach unten.

7b Beim Einatmen Knie möglichst parallel zum Boden beugen; gleichzeitig das Gewicht auf Schulterhöhe heben, Arme gerade halten. Ausatmen, Fersen durchdrücken und Innen- und Außenschenkel bei der Rückkehr in die Ausgangsposition anspannen. 12 Mal wiederholen.

Beine 45° nach außen drehen

Schulterblätter nach unten ziehen

Spüren Sie es hier

Spüren Sie es hier

Rumpf gerade halten

Knie in einer Linie mit den Füßen

Beachball >>

>> Cardio Step & Stoß/Kniebeben

8 Step & Stoß Beginnen Sie Ihre erste Cardio-Einheit. Füße in Hüftbreite hinstellen, Knie locker, Füße parallel oder leicht nach außen gedreht. Ball mit gestreckten Armen nach unten halten. Ferse nach vorne stellen, Zehen zeigen nach oben, Ball auf Schulterhöhe heben. Arme gerade halten, nicht steif. Mit Beinwechsel insgesamt 8 Mal wiederholen (1 Wdh. = beide Seiten). Normal atmen.

9 Kniebeben Füße parallel in Hüftbreite hinstellen, Knie leicht gebeugt. Ball über dem Kopf halten, Ellbogen leicht angewinkelt. Knie auf Hüfthöhe heben und den Ball zum Knie hin senken. Mit Seitenwechsel 8 Mal wiederholen (1 Wdh. = beide Seiten). Während der ganzen Übung normal atmen.

Arme gerade, aber nicht steif halten

Knie leicht beugen

Zehen zeigen nach oben

Brust angehoben halten

Rücken gerade halten

Schenkel parallel zum Boden

>> Beachball

>> **Cardio** Kniebeugen Plus

10a **Kniebeugen Plus** Füße in Schulterbreite hinstellen, den Ball mit gestreckten Armen nach unten halten. Knie und Ball zur Brust heben. Gewicht gleichmäßig verteilen, Fersen nach unten. Hüften nach hinten strecken, Knie hinter den Zehen halten.

10b Ball über den Kopf heben und dabei Beine strecken. Dann Knie beugen, Ball zur Brust (10a), in die Ausgangsposition zurückkehren. Tief atmen. Die Sequenz 12 Mal wiederholen. **Schritte 8–10 vervollständigen die Cardio-Einheit.**

Ellbogen nah am Körper halten

Fersen durchdrücken

Schultern unten lassen

Rücken gerade halten

Beine strecken

Beachball >>

Kraft Kniebeugen mit Knieheben

11a Kniebeugen mit Knieheben

Nehmen Sie zwei große Gewichte. Füße parallel in Schulterbreite hinstellen, Knie locker. In jeder Hand ein Gewicht halten, Arme seitlich und Handflächen nach innen. Knie beugen und einatmen: Das Gewicht nach hinten auf die Fersen verlagern, Hüften nach hinten strecken und nach vorne kippen. Becken lockern, sodass sich der Rücken leicht kümmt.

11b

Ausatmen und Beine strecken. Gewicht auf eine Seite verlagern und Knie auf Hüfthöhe heben. Kurz das Gleichgewicht halten, dann in Ausgangsposition (siehe kleine Abbildung links) zurückkehren. Erneut Knie beugen (siehe links), Beine strecken und Seiten zum Knieheben wechseln (siehe unten). Hüften auf gleicher Höhe halten, Brust angehoben, Augen geradeaus. Insgesamt 8 Mal wiederholen (1 Wdh. = beide Seiten). **Machen Sie die nächste Cardio-Einheit, Schritte 8–10 (S. 48–49).**

Geradeaus blicken

Brust angehoben halten

Knie in einer Linie mit den Zehen halten

Gerade stehen

>> Beachball

>> **Kraft** Ausfallschritt & Rudern

12a **Ausfallschritt & Rudern** Anstelle des Balls zwei große Gewichte nehmen. Füße parallel in Hüftbreite hinstellen, Knie locker. Gewichte auf Hüfthöhe halten, Handflächen nach innen, Ellbogen rechtwinklig gebeugt und nah am Körper. Schulterblätter nach unten und zusammen ziehen. Handgelenke gerade, in einer Linie mit den Unterarmen halten.

12b Einatmen und dabei mit einem Bein nach vorne gehen, beide Knie beugen. Gleichzeitig Arme strecken und die Gewichte zum Knie senken. Beim Zurückspringen ausatmen, Gewichte zu den Hüften ziehen. 8 Wiederholungen mit Beinwechsel (1 Wdh. = beide Seiten). **Machen Sie die nächste Cardio-Einheit, Schritte 8–10 (S. 48–49).**

Schulterblätter nach unten und zusammen ziehen

Spüren Sie es hier

Knie über dem Knöchel positionieren

Beachball >>

>> **Kraft** Kniebeugen & Gewichtheben

13a Kniebeugen & Gewichtheben

Nehmen Sie zwei große Gewichte. Füße parallel in Hüftbreite hinstellen. Gewichte seitlich halten. Gewicht auf die Fersen verlagern, einatmen und dabei die Knie beugen; gleichzeitig die Ellbogen beugen und die Gewichte nach oben zu den Schultern heben.

13b

Ausatmen und dabei Arme und Beine in die Ausgangsposition strecken. Wieder einatmen, dann ausatmen, Gewicht auf die Fußballen verlagern und Fersen hochheben. Kurz das Gleichgewicht halten, dann Fersen absenken und zum nächsten Kniebeugen bereit machen. 8 Mal wiederholen und beide Bewegungen kombinieren. **Machen Sie dann die nächste Cardio-Einheit (Schritte 8–10, S. 48–49).**

Spüren Sie es hier

Gewichte zu den Schultern heben

Gewicht auf die Fersen verlagern

Arme strecken

Gewicht auf Fußballen verlagern

>> Beachball

>> **Kraft** Reverse Fly/Kickback

14 **Reverse Fly** Anstelle des Balls zwei große Gewichte nehmen. Im Ausfallschritt hinstellen, einen Fuß nach vorne, der Arm auf derselben Seite ruht auf dem Schenkel. Schulterblatt nach innen ziehen, ausatmen und den anderen Arm seitlich auf Schulterhöhe heben. 12 Mal wiederholen, dann Seitenwechsel. **Machen Sie die nächste Cardio-Einheit, Schritte 8–10 (S. 48–49).**

15 **Kickback** Nehmen Sie zwei große Gewichte. Knie beugen und nach vorne schwingen. Ellbogen 90° beugen und Oberarme parallel zum Boden heben. Ausatmen, Unterarme nach hinten strecken. Beim Beugen der Ellbogen einatmen.

Kopf und Hals in einer Linie mit Wirbelsäule
Spüren Sie es hier
Ellbogen rund halten

Spüren Sie es hier
Oberarme parallel zum Boden
Knie leicht gebeugt halten

Beachball >>

>> **Boden** Längen-Stretch/Trizeps-Stretch

16 **Längen-Stretch** Holen Sie sich eine Matte zum Cool-down. Füße parallel in Hüftbreite hinstellen, Knie locker. Schulterblätter nach unten ziehen. Beide Arme über den Kopf strecken, Handflächen nach innen. Tief atmen, Wirbel locker machen und Wirbelsäule durchstrecken. Position zwei bis drei Atemzyklen halten.

Schulterblätter nach unten ziehen

Spüren Sie es hier

Rippen über den Hüften

Knie bleiben locker

17 **Trizeps-Stretch** Arme über dem Kopf überkreuzen und Ellbogen fassen. Die Ellbogen sanft nach hinten ziehen und halten. Wenn dies zu schwierig ist, jeweils nur einen Ellbogen halten. Gleichmäßig, nicht ruckartig, stretchen, damit der Muskel nach und nach gedehnt wird. Tief atmen.

Ellbogen sanft nach hinten ziehen

Spüren Sie es hier

>> Beachball

>> **Boden** Seitbeugen/Vorwärtsbeugen

18 **Seitbeugen** Die Ellbogen sind noch immer oben und der Kopf ist in der Mitte, aus der Hüfte hochstrecken und auf eine Seite beugen. Spüren Sie die Dehnung nach unten bis seitlich zur Hüfte. Halten, in die Dehnung atmen; dann zur Mitte und zur anderen Seite beugen. Halten, tief atmen und wieder zur Mitte zurück.

19 **Vorwärtsbeugen** Aus der Ausgangsposition Arme nach vorne auf Schulterhöhe strecken. Handgelenke überkreuzen und Handflächen nach innen drehen, sodass sie ineinander liegen, Daumen zeigen nach unten. Oberen Rücken krümmen, Kopf und Hals in einer Linie mit der Wirbelsäule, Ohren zwischen den Oberarmen. Schulterblätter auseinander ziehen und so weit wie möglich nach vorne strecken. Atmen und mit jedem Ausatmen tiefer in die Dehnung entspannen.

Kopf in der Mitte zwischen den Ellbogen halten

Gewicht gleichmäßig auf den Füßen verteilen

Schulterblätter gehen auseinander

Kopf und Hals in einer Linie mit der Wirbelsäule halten

Spüren Sie es hier

Beachball >>

>> **Boden** Abrollen/Abwärts gerichteter Hund

20 **Abrollen** Aus der Vorwärtsbeugen-Position Arme seitlich fallen lassen, Kinn zur Brust, Wirbelsäule Wirbel für Wirbel nach unten abrollen. Arme dürfen dabei nach vorne kommen und die Schulterblätter sich auseinanderbewegen.

Kinn zur Brust

Knie locker halten

21 **Abwärts gerichteter Hund** Niederbeugen, Handflächen auf die Matte legen und Hände nach vorne wandern lassen. Hüften anheben und die Wirbelsäule durchstrecken. Fersen auf den Boden drücken. Wenn nötig, Knie leicht beugen, um den unteren Rücken zu entlasten. Atmen und dehnen.

Hüften anheben

Wirbelsäule durchstrecken

>> Beachball

>> **Boden** Liegestütz/Kind-Stellung

22 **Liegestütz** Unterarme nach vorne wandern lassen und auf der Matte positionieren, Ellbogen direkt unter den Schultern, Handflächen nach innen, Hände zu lockeren Fäusten geballt. Bauch- und Rückenmuskeln anspannen, sodass der Körper vom Kopf bis zu den Zehen eine gerade Linie bildet. Zehen leicht anziehen: Spüren Sie die Dehnung in den Waden. Position halten, normal atmen.

Schulterblätter unten halten

23 **Kind-Stellung** Knie beugen und Hüften nach hinten strecken, bis die Pobacken auf den Fersen liegen. Gleichzeitig die Wirbelsäule nach vorne hin krümmen, Stirn auf den Boden. Arme nach vorne strecken, um den großen Rückenmuskel, Brust und Schultern zu strecken. Mit jedem Ausatmen tiefer in die Position sinken; Körper und Geist entspannt. Zurück in den Liegestütz, Ellbogen beugen und Beine strecken. Dann wiederholen.

Spüren Sie es hier

Beachball >>

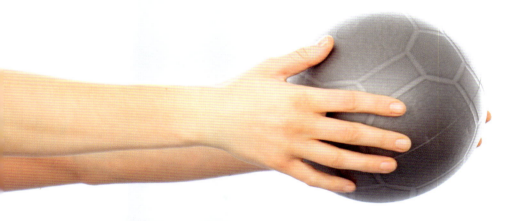

15 Minuten **Übersicht**

>> Fragen & Antworten

Während Sie sich nach und nach durch die Übungen arbeiten, treten möglicherweise Fragen zu Ihrem Fortschritt und der Effizienz Ihres Trainings auf. Diese ausgewählten Fragen beschäftigen sich hauptsächlich mit dem Einbau von Gewichten in das Training und Möglichkeiten, wie sie am besten genutzt werden können.

>> Bin ich nicht zu alt, übergewichtig oder außer Form, um Krafttraining zu machen?

Egal wie alt und fit Sie sind, mit Herz-Kreislauf-Training entwickeln Sie mehr Ausdauer und Energie, bauen Muskeln auf, erhöhen Ihre Muskelmasse sowie Kraft und dehnen Ihre Muskeln für verbesserte Bewegungsabläufe. Als Anfänger sollten Sie mit Step-Touch (siehe S.18) beginnen und sich langsam steigern. Nach 4 Wochen können Sie versuchen, ob Sie einen 30-minütigen Workout schaffen. Nach 8 Wochen können Sie dann zu Beachball (siehe S.42) übergehen.

>> Werde ich durch das Krafttraining maskuliner aussehen?

Tatsache ist, dass Gewichtstraining zu einem »strafferen« Aussehen verhilft und weniger zu größeren Muskeln. Das Ergebnis ist ein flacherer Bauch, wohlgeformte Arme, straffe Beine. Sie werden fabelhaft in Ihrem kleinen Schwarzen aussehen! Die Neigung zur Muskelbildung hängt in erster Linie von der Testosteronausschüttung ab – Frauen produzieren lediglich ein Zehntel der Menge von Männern.

>> Mit welchen Gewichten soll ich bei den verschiedenen Übungen beginnen?

Sie sollten in der Lage sein, alle Wiederholungen korrekt durchzuführen. Ihre Muskeln, Sehnen und Bänder müssen sich erst langsam an die neue Beanspruchung gewöhnen. Ein schrittweises Konditionieren des Bindegewebes stärkt die Gelenke und beugt Verletzungen vor. Auch wenn Sie in der Lage sind, große Gewichte zu heben, sollten Sie langsam beginnen, wenn Sie in letzter Zeit nicht mit Gewichten trainiert haben.

Ich bin mir nicht sicher, ob ich die Gewichte richtig einsetze. Haben Sie einen Tipp für mich?

Tempo und Atmung spielen beim Krafttraining eine große Rolle. Heben Sie die Gewichte auf zwei, machen Sie einen Moment Pause und senken Sie sie wieder auf vier. Fließende Bewegungen durchführen, die Spannung beim Heben des Gewichts (oder Ihres Körpergewichts) halten, zum Beispiel wenn Sie Ihren Ellbogen beim Bizepsbeugen nach oben ziehen oder wenn Sie aus der Kniebeuge hochkommen. Siehe hierzu Kniebeugen mit Knieheben (S. 50) und Ausfallschritt & Rudern (S. 51).

Mir fällt es überhaupt nicht schwer, die Gewichte zu heben — trainiere ich hart genug?

Ziel beim Krafttraining ist es, so lange zu trainieren, bis eine gewollte Müdigkeit (»Ich kann nicht mehr«) eintritt und die Muskeln sich schwach anfühlen. Dabei sollte jedoch stets die korrekte Form beibehalten werden. Die Muskelbildung basiert auf kleinsten Muskelschäden (beim Training) und der Regeneration der Muskelfasern (an trainingsfreien Tagen). Durch die Regeneration wird der Muskel stärker.

Welche Vorteile haben freie Gewichte gegenüber Kraftgeräten?

Kraftgeräte halten den Körper in der richtigen Position und erlauben es, größere Gewichte zu heben. Freie Gewichte hingegen zeigen Ungleichgewichte im Körper auf, da die Gliedmaßen einzeln beansprucht werden. Sie eignen sich daher gut, um den Körper auszubalancieren und in die richtige Ausrichtung zu bringen.

Sind Aerobicübungen nicht die effizienteste Methode, um Gewicht zu verlieren?

Aerobic plus Krafttraining ist die beste Formel gegen überflüssige Pfunde. Aerobicübungen verbrennen Kalorien und verringern die Fettreserven im ganzen Körper, während sich durch Krafttraining reine Muskeln bilden. Jedes aufgebaute Pfund Muskeln erhöht Ihren Umsatz um etwa 50 Kalorien pro Tag, d. h. Sie verbrennen die ganze Zeit mehr Kalorien.

15 Minuten

Hüpfen & Springen

>>

Dieser schwungvolle Workout setzt Endorphine frei und lässt Sie kindliche Freude am Hüpfen und Springen erleben.

Warm-up Beugen & Heben/Armschwingen

1. **Beugen & Heben** Füße parallel in Hüftbreite hinstellen, Knie locker, Arme seitlich. Bauchmuskeln anspannen und Brust anheben. Knie beugen (siehe kleine Abbildung), dann Beine strecken. Gewicht auf die Fußballen verlagern und Fersen vom Boden wegdrücken. Weiter beugen und hochstrecken, Arme dabei nach vorne schwingen lassen, insgesamt 8 Mal wiederholen.

2. **Doppeltes Armschwingen** Knie weiter im Rhythmus beugen und Arme nach vorne und hinten schwingen. Aus der Ausgangsposition mit gebeugten Knien (siehe kleine Abbildung), Füße flach am Boden, Beine strecken und Arme nach hinten schwingen. Knie erneut beugen und Arme zur Mitte und nach vorne schwingen, Beine dabei strecken. Insgesamt 8 Mal von hinten nach vorne schwingen.

Blick geradeaus

Gewicht auf Fußballen verlagern

Arme beim Beinestrecken vorwärts schwingen

Fersen am Boden

>> Hüpfen & Springen

>> Warm-up Armschwingen/Kreuzen & Öffnen

3 Einfaches Armschwingen Knie weiter im Rhythmus beugen, doch beim Strecken der Beine einen Arm nach vorne und den anderen nach hinten schwingen. Fersen unten halten, Knie in einer Linie mit den Zehen. Schulterblätter beim Schwingen der Arme unten halten. Die Brust bleibt angehoben, das Kinn gerade. Insgesamt 8 Mal wiederholen (1 Wdh. = beide Seiten).

4 Kreuzen & Öffnen Rhythmische Kniebeugen fortsetzen, Arme beim Kniebeugen vorne verkreuzen und beim Strecken der Beine seitlich heben. Schulterblätter beim Heben der Arme auf Schulterhöhe unten halten, Handflächen nach unten. Beugen und strecken, Arme seitlich heben, 16 Mal.

Schulterblätter unten halten

Beine beugen und strecken

Rumpf gerade halten

Hüpfen & Springen >>

Warm-up Seitheben/Hampelmann

5 Seitheben Die Bewegung der Arme bleibt beim Beugen und Strecken der Knie gleich, doch nun kommt das Seitheben des Beins hinzu. Knie beugen und dabei die Arme vorne verkreuzen, dann beide Beine strecken und eines seitlich anheben, Arme heben. Hüften auf gleicher Höhe halten, Schultern unten. Mit Beinwechsel insgesamt 8 Mal wiederholen (1 Wdh. = beide Seiten).

6 Hampelmann Arme weiter heben und senken. Beim Überkreuzen der Arme mit den Füßen zusammenspringen. Arme auf Schulterhöhe heben und einen Tap seitlich machen. Mit Seitenwechsel 8 Mal wiederholen (1 Wdh. = beide Seiten). **Schritte 5–1 (von hinten nach vorne) wiederholen, um das Warm-up zu vervollständigen.**

Arme auf Schulterhöhe heben

Bein seitlich heben

Beine beugen und strecken

Zehen seitlich strecken

>> Hüpfen & Springen

>> **Kraft** Hüftbeuge & Reverse Fly

7a **Hüftbeuge & Reverse Fly** Nehmen Sie zwei kleine Gewichte für die erste Ausdauerübung. Gerade hinstellen, Beine parallel hüftweit auseinander, Schultern unten. In jeder Hand ein Gewicht vor die Schenkel halten, Handflächen zeigen nach hinten. Knie beugen und dabei aus den Hüften nach vorne schwingen, Wirbelsäule gerade halten. Die Gewichte sind nun direkt unter den Schultern.

7b Einatmen, dann beim Ausatmen Arme seitlich in einer Linie mit den Schultern auf Schulterhöhe heben. Schulterblätter beim Heben der Arme zusammendrücken, Ellbogen gerundet, Handflächen nach hinten. Einatmen und Arme senken, dann ausatmen und Hüften und Knie strecken, um in die Ausgangsposition zurückzukehren (siehe kleine Abbildung). Übung 8 Mal wiederholen.

Rücken gerade, parallel zum Boden halten

Gewichte direkt unter den Schultern halten

Schulterblätter zusammendrücken

Spüren Sie es hier

Hüpfen & Springen >>

>> **Cardio** Step-Hop/Hüpfen

8 Step-Hop Die Gewichte beiseite legen. Füße parallel in Hüftbreite hinstellen, Arme seitlich. Mit einem Bein hüpfen und das andere Knie auf Hüfthöhe heben. Der dem gehobenen Bein gegenüberliegende Arm schwingt nach vorne, Ellbogen angewinkelt. Bein senken und zurück in die Ausgangsposition. Beine wechseln, Arme gegengleich schwingen, 6 Mal wiederholen (1 Wdh. = beide Seiten).

9 Hüpfen Auf der Stelle hüpfen, Füße hüftweit auseinander, Hände auf den Hüften. Auf einem Bein hüpfen, das andere seitlich ausstrecken, Ferse in den Boden stemmen, Fußspitze zeigt nach oben. Das gestreckte Bein in Ausgangsposition zurückbringen und auf der anderen Seite wiederholen. Oberkörper gerade halten, Brust angehoben, Augen geradeaus. Mit Beinwechsel 8 Mal wiederholen (1 Wdh. = beide Seiten).

Arme nah am Körper halten

Schritt nach vorne und hüpfen

>> Hüpfen & Springen

>> Sprung & Drehung **Kraft** Ausfallschritt

10 **Sprung & Drehung** Füße zusammen, Arme seitlich ausgestreckt, Bauchmuskeln anspannen und hochspringen, Hüften auf eine Seite drehen. Hüften, Knie und Füße als eine Einheit drehen. Mit gebeugten Knien aufkommen. Oberkörper bleibt gerade, Schultern zeigen nach vorne. Mit Seitenwechsel insgesamt 8 Mal wiederholen (1 Wdh. = beide Seiten). **Schritte 8–10 runden die Cardio-Einheit ab, die nach jeder Ausdauer-Übung wiederholt wird.**

11a **Ausfallschritt & Drehung** Nehmen Sie ein großes Gewicht. In den Ausfallschritt gehen. Das Gewicht mit beiden Händen waagerecht vor der Taille halten, Ellbogen gebeugt. Gewicht gleichmäßig auf die Beine verteilen, hintere Ferse unten und Füße parallel halten. Die Schultern sollten gerade sein, die Augen nach vorne blicken.

Schultern zeigen nach vorne

Mit gebeugten Knien aufsetzen

Ferse unten

Hüpfen & Springen >>

>> **Kraft** Balancieren/Plié & Beugen

13 **Balancieren** Füße parallel in Hüftbreite, zwei kleine Gewichte auf Schulterhöhe halten. Ausatmen, einen Arm strecken, das gegenüberliegende Knie heben. Balancieren, einatmen und mit Seitenwechsel auf der Stelle marschieren, 8 Mal wiederholen (1 Wdh. = beide Seiten). **Machen Sie die nächste Cardio-Einheit, Schritte 8–10 (S. 72–73).**

14 **Plié & Beugen** Nehmen Sie in jede Hand ein großes Gewicht. In eine weite Grätsche stellen, Beine 45° nach außen gedreht. Arme seitlich halten. Einatmen, Knie und Ellbogen gleichzeitig beugen, dabei die Gewichte zu den Schultern heben. Ausatmen, Arme und Beine wieder strecken. **Machen Sie die nächste Cardio-Einheit, Schritte 8–10 (S. 72–73).**

Handflächen zeigen nach innen

Wirbelsäule durchstrecken, um das Gleichgewicht zu halten

Spüren Sie es hier

Ellbogen nah am Körper halten

>> Hüpfen & Springen

>> **Kraft** Seitheben

15a **Seitheben** Nehmen Sie zwei kleine Gewichte. Füße parallel in Hüftbreite hinstellen, Knie locker. In jeder Hand ein Gewicht halten, Arme seitlich, Handflächen zeigen nach innen. Der Rumpf soll gerade sein: Die Rippen sollten über den Hüften sein, Bauchmuskeln anspannen, Schulterblätter nach unten ziehen und Brust heben.

15b Einatmen, dann ausatmen und Beine strecken. Ein Bein seitlich heben und beide Arme auf Schulterhöhe heben, Handflächen nach unten. Die Arme sollten gerade, aber nicht steif sein. Einatmen, dann in die Ausgangsposition zurückkehren, Knie beugen und Hüften gerade halten. Beine abwechseln und insgesamt 12 Mal wiederholen (1 Wdh. = beide Seiten).

Schulterblätter bleiben unten

Knie gebeugt

Spüren Sie es hier   Spüren Sie es hier

Arme auf Schulterhöhe heben

Bein seitlich heben

Bein strecken

Hüpfen & Springen >>

>> **Cool-down** Rückenstretch/Rückendrehung

16 **Rückenstretch** Holen Sie sich eine Matte zum Cool-down und stellen Sie die Beine in Hüftbreite hin, Hände auf den Hüften. Wirbelsäule durchstrecken, Scheitelpunkt zur Decke drehen. Schulterblätter nach unten und zusammendrücken. Aus den Hüften nach vorne beugen, bis der Rücken parallel zum Boden ist. Die Wirbelsäule durch Vorwärtsstrecken des Kopfes weiter dehnen. Die Knie sind gestreckt, ohne sich zu berühren. Tief atmen und die Dehnung halten.

17 **Rückendrehung** Aus dem Rückenstretch eine Hand über den Körper zum gegenüberliegenden Fuß und den anderen Arm gerade nach oben strecken, Handflächen nach vorne. Wenn möglich, den Handballen der stützenden Hand auf die Matte drücken. Vielleicht ist es aber auch bequemer, ihn auf dem Knöchel ruhen zu lassen. Knie gerade und Hüften auf gleicher Höhe halten. Normal atmen, dann Seite wechseln und wiederholen.

Spüren Sie es hier

Beine gerade, aber nicht steif halten

Hüften gerade halten

Spüren Sie es hier

>> Hüpfen & Springen

>> **Cool-down** Postretch/Arm- & Beinheben

Kopf und Hals in einer Linie mit Wirbelsäule

18 **Postretch** Knie beugen, Hüften nach hinten strecken, Rücken flach und parallel zum Boden halten. Beide Arme nach vorne strecken, Hände zusammen oder auseinander, Kopf in der Mitte zwischen Ellbogen. Blick nach unten, sodass Kopf und Hals eine Linie mit der Wirbelsäule bilden. Position halten.

Füße parallel in Hüftbreite hinstellen

19 **Arm- und Beinheben** Auf alle viere hinknien, Handgelenke unter den Schultern, Knie unter den Hüften. Ein Bein nach hinten heben, Knie gerade halten, dann die gegenüberliegende Hand nach vorne strecken. Tief atmen, um die Dehnung zu steigern und mit jedem Ausatmen weiter strecken.

Bein auf Hüfthöhe halten

Hüpfen & Springen >>

>> **Cool-down** Wadenstretch/Rückenbogen

20 **Wadenstretch** Hände auf dem Boden halten, ein Bein nach hinten strecken und die Zehen auf dem Boden positionieren, Ferse nach hinten drücken. Beim Dehnen normal atmen, dann Beine wechseln.

Spüren Sie es hier

Ferse nach hinten drücken

21 **Rückenbogen** Auf alle viere hinknien, Knie in Hüftbreite unter den Hüften. Handgelenke unter den Schultern positionieren. Kopf und Hüften heben und die Wirbelsäule zu einem »C« krümmen. Diese Übung mit dem Katzenbuckel auf der gegenüberliegenden Seite abwechseln und insgesamt 3 Mal wiederholen.

Kopf heben

Spüren Sie es hier

Hüften heben

>> Hüpfen & Springen

>> **Cool-down** Katzenbuckel/Kind-Stellung

22 **Katzenbuckel** Kniende Position, Knie unter den Hüften, Handgelenke unter den Schultern, Rücken gerade. Dann die Hüften anziehen und einen runden Rücken machen, den Kopf zwischen die Arme fallen lassen. Diese Übung mit dem Wirbelsäulenbogen (gegenüberliegende Seite) abwechseln und insgesamt 3 Mal wiederholen.

Spüren Sie es hier

Hüften anziehen

Kopf zwischen die Arme fallen lasen

23 **Kind-Stellung** Im Fersensitz hinsetzen, Hüften zu den Fersen senken, gleichzeitig Oberkörper nach vorne beugen und Arme nach vorne strecken, bis der Kopf die Matte berührt. Ellbogen über der Matte halten, um eine maximale Dehnung zu erzielen. In die Position sinken und 3 Atemzyklen lang halten, mit jedem Ausatmen tiefer sinken.

Spüren Sie es hier

Hüften zu den Fersen senken

Hüpfen & Springen >>

Hüpfen & Springen   >>

15 Minuten **Übersicht**

>> Fragen & Antworten

Auch mit den besten Absichten kann es schwierig sein, sich immer wieder zu motivieren und das meiste aus dem Training herauszuholen. Die Gründe dafür sind oft dieselben. Falls Sie sich unmotiviert fühlen, beachten Sie folgende Tipps!

>> Mir fällt es schwer, regelmäßig zu trainieren? Wie kann ich mich daran gewöhnen?

Bei einem Basistraining von 15 Minuten ist es eher so, dass Sie nicht die »richtige Zeit« finden, und nicht so sehr, dass Sie gar keine haben. Versuchen Sie, Ihr Programm mit Ihren persönlichen Vorlieben in Einklang zu bringen und halten Sie sich an eine regelmäßige Zeit – wenn Sie am Morgen mehr Energie haben, trainieren Sie einfach vormittags. Ein wenig Vorausplanen der Ziele und Erwartungen kann helfen, am Ball zu bleiben. Denken Sie stets positiv und konzentrieren Sie sich auf das, was Sie erreichen können und nicht auf das, was Sie nicht können.

>> Ich finde das Training ziemlich leicht — arbeite ich hart genug?

Die Übungen sind unterschiedlich intensiv. Finden Sie jene, die Sie am meisten fordern. Step-Touch (siehe S. 18) ist am einfachsten; ist es zu leicht, betrachten Sie es als Warm-up. Ausfallschritte & Co. (siehe S. 90) ist von den Bewegungen her am anspruchsvollsten. Bei jedem Training können Sie die Intensität erhöhen, indem Sie den Bewegungsradius erweitern: einfach die Beine höher heben, die Reichweite vergrößern, die Knie tiefer beugen, höher springen oder auch einen Kick oder ein Beinheben hinzufügen.

>> Ich finde das Training zu anstrengend — was soll ich tun?

Wenn die Gewichte zu schwer sind, verwenden Sie leichtere. Wenn Sie bei den Cardio-Einheiten außer Atem kommen, ändern Sie die Intensität durch kleinere Beinbewegungen oder indem Sie die Armbewegungen weglassen. Wenn Sie müde sind, treten Sie auf der Stelle – es ist wichtig, dass Sie in Bewegung bleiben, damit Blut ins Herz und Gehirn gepumpt wird, sonst wird Ihnen möglicherweise schwindlig.

>> Woher weiß ich, welche Ziele für mich realistisch sind?

Erstellen Sie einen Plan, in dem Sie Ihre Ziele klar beschreiben und sich auf Ihre Bemühungen konzentrieren. Stellen Sie sicher, dass die Ziele realistisch und erreichbar sind. Finden Sie Ihr eigenes Tempo und seien Sie konsequent. Ermitteln Sie Hürden und finden Sie Lösungen (»Ich muss Zeit finden«; »Wie kann ich das passend gestalten?«). Suchen Sie bei anderen Zuspruch und Unterstützung (Freund(in) oder Partner(in)). Belohnen Sie sich mit einem heißen Bad oder einer Massage (siehe Tipps zur Zielsetzung, S. 10).

>> Wie trainiere ich im sicheren Bereich?

Ihr Herzfrequenzbereich bestimmt, wie intensiv Sie leichtes, mittelschweres und schweres Training absolvieren sollen. Die leicht anwendbare Formel »220 minus Alter« ergibt Ihre geschätzte maximale Herzfrequenz. Nehmen Sie 65–95 Prozent Ihrer Herzfrequenz, um einen Trainingsbereich in der Skala von leicht bis sehr intensiv zu entwickeln. Verwenden Sie folgenden Test als einfachen Indikator der Herz-Kreislauf-Belastung: Wenn Sie nicht sprechen können, trainieren Sie zu hart; wenn Sie dabei singen können, ist es zu einfach.

>> Ich verliere langsam die Begeisterung für das Training. Wie motiviere ich mich wieder?

Zielsetzung ist das A und O für langanhaltende Motivation. Stecken Sie sich ein Ziel, das Sie derzeit nicht erreichen können, das aber trotzdem realistisch ist. Es sollte ganz Ihrem Training entsprechen, etwa dass Sie wieder in Ihre engen Jeans passen. Vergessen Sie nicht, dass Energieschwankungen ganz normal sind. Das bedeutet nicht, dass Sie Rückschritte machen. Behalten Sie Ihre langfristigen Ziele im Auge und rücken Sie Ihnen täglich näher. Das Erreichen eines Ziels ist sehr befriedigend und ein neuer Ansporn.

>> Ich bin mir nicht sicher, ob das Training funktioniert. Wie soll ich mich am nächsten Tag fühlen?

Sie »spüren« die trainierten Muskeln. Langsames Beginnen beugt Muskelkater vor: Wenn Sie am Beginn eines Trainings stehen oder nach längerer Pause wieder damit anfangen, starten Sie mit dem Step-Touch-Programm (siehe S. 18) drei Mal wöchentlich. Wenn das leicht geht, versuchen Sie es zwei Mal hintereinander oder machen Sie mit dem Beachball-Workout (siehe S. 42) weiter.

15 Minuten

Ausfallschritte & Co. >>

Nehmen Sie die Herausforderung an – hier folgen komplexere Bewegungen, um Ihre Fähigkeiten und Ihre Fitness zu steigern.

>> **Warm-up** Ausfallschritt/Armheben

1 **Ausfallschritt vorwärts** Beine parallel, hüftweit auseinander, Knie locker, Hände auf den Hüften. Einatmen und einen Schritt nach vorne machen, leicht in die Knie gehen. Ausatmen, mit dem vorderen Bein abstoßen und in Ausgangsposition zurückspringen. Mit Seitenwechsel 8 Mal wiederholen (1 Wdh. = beide Seiten).

2 **Gegengleiches Armheben** Aus der Ausgangsposition einen Schritt nach vorne machen, Knie etwas tiefer beugen, hintere Ferse heben und das Knie stets über dem Knöchel halten. Gleichzeitig Hände auf Schulterhöhe heben, Handflächen nach innen, gegenüberliegenden Arm nach vorne und den anderen nach hinten. Rumpf gerade halten, Brust angehoben, Kinn gerade. Mit Arm- und Beinwechsel 8 Mal wiederholen (1 Wdh. = beide Seiten).

Knie leicht beugen

Arme auf Schulterhöhe heben

Knie etwas tiefer beugen

>> Ausfallschritte & Co.

>> Warm-up Armstrecken/Ausfallschritt

3 Armstrecken Weiterhin Ausfallschritte machen, doch nun beide Arme nach vorne strecken, beim Ausfallschritt heben und die Beugung in den Knien steigern. Schulterblätter nach unten und zusammenziehen und Arme nach vorne strecken. Arme seitlich senken und in die Ausgangsposition zurückkehren. Mit Beinwechsel 8 Mal wiederholen (1 Wdh. = beide Seiten).

4 Diagonaler Ausfallschritt Aus der Ausgangsposition Beine auf 11 Uhr hinstellen, Arme seitlich heben. Zurück in die Ausgangsposition springen, Arme senken, dann einen Ausfallschritt diagonal auf 1 Uhr machen. 8 Mal wiederholen.

Ausfallschritt nach vorne auf 12 Uhr

Vorderen Fuß diagonal auf 1 Uhr stellen

Ausfallschritte & Co. >>

Warm-up Seitlicher Ausfallschritt

5a **Seitlicher Ausfallschritt** Füße parallel in Hüftbreite hinstellen. Arme seitlich auf Schulterhöhe heben, Handflächen zeigen nach unten. Bauchmuskeln anspannen, Hüften gerade nach vorne, Brust angehoben. Schulterblätter nach unten und zusammenziehen und zum Ausfallschritt vorbereiten.

5b Einatmen und mit dem linken Bein einen Schritt zur Seite machen (9 Uhr), Knie beugen. Arme hochstrecken, Handflächen nach innen drehen, Rumpf zur Mitte und Taille seitlich beugen. Ausatmen und in Ausgangsposition zurückspringen, Handflächen nach unten drehen und Arme auf Schulterhöhe senken. Mit Seitenwechsel (auf 3 Uhr) 8 Mal wiederholen (1 Wdh. = beide Seiten).

Bein durchstrecken

Ausfallschritt zur Seite auf 9 Uhr

>> Ausfallschritte & Co.

>> Ausfallschritt   **Kraft** Holzhacker

6 **Ausfallschritt rückwärts**
Füße parallel hinstellen, Arme seitlich. Einatmen und einen Ausfallschritt nach hinten machen (6 Uhr), auf dem Fußballen aufsetzen und beide Knie beugen. Dabei beide Arme hochstrecken, Handflächen nach innen. Ausatmen und in Ausgangsposition zurückkehren. 8 Mal wiederholen (1 Wdh. = beide Seiten). **Für das Warm-up Schritte 5–1 (in umgekehrter Reihenfolge wiederholen).**

7 **Holzhacker**
Nehmen Sie ein großes Gewicht. Füße parallel in Schulterbreite hinstellen und das Gewicht über dem Kopf halten. Beim Kniebeugen einatmen und das Gewicht zu den Knien führen, als ob Sie Holz spalten würden. Ausatmen und in die Ausgangsposition zurückkehren, 12 Mal wiederholen.

Ausfallschritt nach hinten auf 6 Uhr

Brust angehoben halten

Spüren Sie es hier

Knie hinter den Zehen halten

Ausfallschritte & Co. >>

>> **Cardio** Knicks-Ausfallschritt

8a **Knicks-Ausfallschritt** Legen Sie das Gewicht für die erste Cardio-Einheit beiseite. Füße hüftbreite auseinander, Knie locker. Arme seitlich auf Schulterhöhe strecken, Handflächen nach unten. Ellbogen leicht gerundet halten. Gerade stehen und die Wirbelsäule durchstrecken, indem Sie den Kopf gerade nach oben heben und die Bauchmuskeln anspannen.

8b Ein Bein diagonal nach hinten strecken und auf dem Fußballen aufsetzen, Ferse anheben. Beide Knie beugen und beim Knicks Schulterblätter zusammendrücken. Arme auf Schulterhöhe halten. Normal atmen. Mit Beinwechsel 8 Mal wiederholen (1 Wdh. = beide Seiten).

Ellbogen leicht gerundet halten

Schulterblätter zusammendrücken

>> Ausfallschritte & Co.

>> **Cardio** Charleston-Ausfallschritt

9a **Charleston-Ausfallschritt**
Mit einem Bein einen Schritt nach vorne machen und das andere nach vorne kicken, Knie auf Hüfthöhe. Dann das Bein zurückschwingen und auf der Stelle marschieren. Arme gegengleich zu den Beinen schwingen. Die Bewegung mit dem Ausfallschritt rückwärts (siehe 9b) fortsetzen.

9b Ausfallschritt rückwärts mit dem Führungsbein. Machen Sie weiter mit Schritt, Kick vorwärts (siehe 9a), Schritt, Ausfallschritt rückwärts. Arme mit jedem Beinwechsel wechseln. 6 Mal wiederholen. Beim letzten Ausfallschritt auf der Stelle marschieren. Mit Seitenwechsel 6 Mal wiederholen.

Arme gegengleich schwingen

Ausfallschritt rückwärts mit dem Führungsbein

Ausfallschritte & Co. >>

>> Cardio Abstoß-Ausfallschritt

10a **Abstoß-Ausfallschritt** Vom Ausfallschritt aus beginnen, vorderes Knie über dem Knöchel. Die hintere Ferse sollte sich leicht heben lassen. Arme diagonal hochstrecken, Handflächen nach innen. Das Gewicht gleichmäßig auf die Beine verteilen, Rumpf gerade, Augen blicken nach vorne. Halten Sie sich bereit, sich mit dem hinteren Fuß abzustoßen.

10b Mit dem hinteren Fuß abstoßen und das Gewicht auf das vordere Bein verlagern, das Knie auf Hüfthöhe pumpen. Gleichzeitig Arme beugen und Ellbogen zur Seite ziehen, Hände auf Hüfthöhe. Einen Moment auf dem Standbein balancieren, dann wieder einen Ausfallschritt machen. Insgesamt 8 Mal wiederholen, dann Seitenwechsel. Normal atmen. **Sie haben nun die Cardio-Einheit beendet.**

Arme diagonal hochstrecken

Knie direkt über dem Knöchel halten

Bereit zum Abstoß

Ellbogen gebeugt und nah am Körper halten

Knie auf Hüfthöhe heben

>> Ausfallschritte & Co.

>> **Kraft** Plié & Rudern/Kniebeugen

11 **Plié & Rudern** Nehmen Sie zwei kleine Gewichte. Beine nach außen drehen, etwas mehr als schulterbreit auseinander. Arme gerade nach unten, Handflächen nach hinten. Einatmen und Knie über die Zehen beugen, Gewichte auf Brusthöhe anheben, Ellbogen nach außen beugen. Ausatmen und strecken, Gewichte senken. 12 Mal auf und ab bewegen. **Machen Sie die nächste Cardio-Einheit, Schritte 8–10 (S. 96–98).**

12 **Gleichgewichts-Kniebeugen** Ein Bein belasten, das andere ruht vorne. Einatmen, Hüften nach hinten strecken und Trainingsbein beugen. Ausatmen. 12 Mal wiederholen, dann Seitenwechsel. **Machen Sie die nächste Cardio-Einheit, Schritte 8–10 (S. 96–98).**

Spüren Sie es hier

Spüren Sie es hier

Ellbogen unter Schulterhöhe halten

Beine an den Hüften nach außen gedreht

Füße im 45°-Winkel

Rumpf gerade oder leicht nach vorne halten

Vorderbein zur Balance leicht abstützen

Ausfallschritte & Co. >>

Kraft Vorgebeugtes Rudern

13a **Vorgebeugtes Rudern** Nehmen Sie zwei Gewichte. Füße parallel in Schulterbreite hinstellen, Arme seitlich, Handflächen nach innen. Aus der Hüfte nach vorne gehen, Kopf und Hals in einer Linie mit der Wirbelsäule, Knie gebeugt. Schulterblätter anspannen und beim Heben der Gewichte ausatmen, Ellbogen beugen, bis die Oberame parallel zum Boden sind.

13b Gewichte senken und Arme drehen, sodass die Handflächen nach hinten zeigen. Schulterblätter anspannen und ausatmen, Ellbogen zur Seite ziehen, bis die Oberarme parallel zum Boden sind. 8 Wiederholungen und dabei Position der Arme wechseln. **Machen Sie die nächste Cardio-Einheit, Schritte 8–10 (S. 96–98).**

Ellbogen nah am Körper

Spüren Sie es hier

Handflächen nach innen

Ellbogen zur Seite beugen

Handflächen zeigen nach hinten

Knie gebeugt halten

>> Ausfallschritte & Co.

>> **Kraft** Heben & Kniebeugen

14a **Heben & Kniebeugen** Nehmen Sie zwei kleine Gewichte. Füße parallel in Schulterbreite hinstellen. Ein Gewicht in jeder Hand, Arme seitlich. Gewicht auf die Fußballen verlagern und Fersen anheben, dabei Ellbogen beugen, Gewichte zu den Schultern heben. Balancieren, dann in Ausgangsposition zurückkehren.

14b Fersen in den Boden pressen, Gewicht nach hinten verlagern und Knie beugen. Gleichzeitig Arme nach hinten strecken, Ellbogen gerade. Aufrichten, dann 14a wiederholen, Kniebeugen anschließen. Insgesamt 8 Mal wiederholen. Normal atmen. **Machen Sie Ihre nächste Cardio-Einheit, Schritte 8–10 (S. 96–98).**

Ellbogen nah am Körper halten

Fersen anheben

Gewicht auf die Fußballen verlagern

Spüren Sie es hier

Ellbogen strecken, nah am Körper

Gewicht auf die Fersen verlagern

Ausfallschritte & Co. >>

Cool-down Oberkörperstretch/Hund

15 Oberkörperstretch Holen Sie sich für den Cool-down eine Matte. Im Stehen die Hände hinter dem Rücken verschränken und nach oben heben. Handflächen nach innen, Schultern bleiben unten. Handgelenk umfassen und zur Seite ziehen, bis zur Hüfte strecken; Seitenwechsel und in die andere Richtung ziehen.

Spüren Sie es hier

Schulterblätter unten halten

Tief atmen

16 Oberkörperstretch & Abwärts gerichteter Hund In die Ausgangsposition zurückkehren und aus den Hüften nach vorne schwingen; Knie und Rücken gerade. Hüften nach hinten ziehen, Arme nach vorne, Wirbelsäule dehnen. Die Dehnung halten und atmen. Hinunterbeugen, Handflächen auf die Matte legen und Hände in die Hund-Stellung wandern lassen. Dabei die Hüften nach oben strecken und die Fersen zur Matte drücken. Wenn nötig, Knie beugen, um Hüften und Fersen zu entlasten. Gleichmäßig atmen.

Hüften nach oben strecken

Wirbelsäule durchstrecken

Kopf und Hals in einer Linie mit der Wirbelsäule

Fersen zur Matte drücken

>> Ausfallschritte & Co.

>> **Cool-down** Halb-Liegestütz & Seitstütz

17a Halb-Liegestütz & Seitstütz
Mit den Handgelenken unter den Schultern hinknien, 7,5–10 cm weiter als schulterbreit auseinander. Hüften senken und das Gewicht nach vorne verlagern, sodass kein direkter Druck auf die Kniescheiben ausgeübt wird. Einatmen, Ellbogen zur Seite beugen und Brust zur Matte senken. Ausatmen und hochdrücken.

Bauchmuskeln anspannen

17b
Zur Seite drehen, Knie und Unterschenkel zusammen, Hüften und Brust anheben, in einer geraden Linie von den Schultern bis zu den Knien. Der stützende Arm ist gerade, Handgelenk direkt unter der Schulter. Den oberen Arm hochstrecken, Handfläche nach vorne. Liegestütz (siehe 17a) wiederholen und dann eine Seitstütz zur anderen Seite machen, für 3 Kombinationen abwechseln (1 Kombination = Liegestütz, Seitstütz, Liegestütz, Seitstütz).

Oberen Arm hochstrecken

Stützender Arm unter der Schulter

Knie und Unterschenkel zusammen

Ausfallschritte & Co. >>

>> **Cool-down** Kind-Stellung/Ausfallschritt

18 Kind-Stellung Im Fersensitz hinsetzen, Hüften zu den Fersen strecken. Gleichzeitig nach vorne beugen und Arme nach vorne strecken, Stirn auf die Matte. Entspannen Sie Ihren Körper und sinken Sie in die Position.

Spüren Sie es hier

19 Kniender Ausfallschritt Auf ein Knie gehen, das andere vorne beugen, Fuß auf der Matte. Arme hochstrecken, Handflächen nach innen, Kopf in der Mitte zwischen den Ellbogen. Hüften nach vorne drücken, bis Sie die Dehnung vorne in der Hüfte spüren. In die Dehnung atmen und halten. Dann in die Kind-Stellung (siehe oben) zurückkehren. Mit Seitenwechsel wiederholen.

Hüften gerade nach vorne

>> Ausfallschritte & Co.

>> **Cool-down** Stretch im Schneidersitz

20a Stretch im Schneidersitz
Auf den Po setzen und Beine vorne bequem überkreuzen. Aus den Hüften mit geradem Rücken nach vorne beugen, das Gesäß fest am Boden lassen und Arme nach vorne strecken. Tief atmen und in die Position entspannen.

Rücken gerade halten

Sitzknochen fest am Boden

20b
Hände zur Seite wandern lassen, Rumpf in Richtung Knie drehen. Position kurz halten und tief atmen, mit jedem Ausatmen tiefer in die Position entspannen. Zurück zur Mitte und dann zur anderen Seite. Sitzknochen dabei stets fest am Boden lassen.

Rumpf zum Knie drehen

Ausfallschritte & Co. >>

Ausfallschritte & Co. >>

15 Minuten Übersicht

>> Fragen & Antworten

Sie haben mittlerweile etwas Trainingserfahrung, erkennen aber keine offensichtlichen Ergebnisse? Dasselbe Training scheint nun nicht mehr so wirksam wie zu Beginn? Vielleicht brauchen Sie ein paar Tipps für langfristige Trainingserfolge oder möglichst gesunde Knochen. Hier ein paar Fragen, die vielleicht auch Ihnen helfen.

>> Ich bemerke keine großen Veränderungen. Weshalb entwickle ich keine Muskeln?

Vielleicht fordern Sie die Gewichte nicht richtig. Versuchen Sie es mit schwereren Gewichten: Die letzten Wiederholungen sollten etwas Mühe bereiten. Der Body Workout folgt Richtlinien für das Krafttraining, die 8–12 Wiederholungen vorsehen. Der Muskelaufbau findet durch Stimulation des Wachstums der Muskelfasern (Hypertrophie) statt, dadurch werden die Muskeln größer und stärker.

>> Wo sind die ersten Ergebnisse sichtbar?

Nach vier bis sechs Wochen regelmäßigem Training drei Mal wöchentlich fühlen sich Arme und Beine fester an und die Muskeln sind bereits viel definierter. Ihre Figur sieht hübscher aus (etwa eine schlankere Taille) und Ihre Kleider passen deutlich besser. Sie haben eine bessere Haltung.

>> Mit welchen Ergebnissen kann ich nach einem Jahr Training rechnen?

Wenn Sie ein Jahr lang regelmäßig drei Mal die Woche trainieren und Ihre Kalorienzufuhr leicht reduzieren (250 Kalorien), können Sie bis zu 4,5 kg Fett verlieren und etwa 2,2 kg Muskeln aufbauen. Das bedeutet eine kleinere Kleidergröße, egal wie groß der tatsächliche Gewichtsverlust ist. Sie haben stärkere Muskeln und Knochen, mehr Ausdauer sowie einen niedrigeren Blutdruck und Cholesterinspiegel.

Wie profitiere ich optimal vom Krafttraining?

Korrekte Haltung, Ausrichtung und geistige Konzentration verbessern die Ergebnisse. Zuerst den Körper ausrichten: Rücken gerade, Schulterblätter nach unten und zusammen, Bauchmuskeln angespannt, die Gewichte richtig halten, also mit flachen Gelenken. Konzentrieren Sie sich auf die Muskeln, die Sie trainieren, und verstärken Sie den Druck, wenn Sie merken, dass sich der Muskel bei der Bewegung zusammenzieht. Es dauert, bis man die Bewegungen mühelos koordiniert und ein Gefühl für die richtige Haltung entwickelt.

Durch meinen Schreibtischjob bekomme ich Fettpölsterchen um die Taille. Was kann ich tun?

Konzentrieren Sie sich auf Übungen, bei denen der Rumpf intensiver gebeugt und gedreht wird, wie Beachball (siehe S. 42) und Hüpfen & Springen (siehe S. 66). Dadurch werden die Muskeln entlang den Taillenseiten gefestigt. Vergessen Sie auch nicht den Käfer aus dem the Step-Touch Programm (siehe S. 18). Machen Sie weiterhin Cardio-Training.

Welche Übungen sind für gesunde Knochen am besten?

Jede Übung mit Gewichten belastet die Knochen. Das Ziehen des Muskels am Knochen führt zu einem Knochenaufbau an dieser Stelle, daher müssen Sie die Übungen für das gesamte Skelett wiederholen. Studien zufolge ist Springen bei gesunden Knochen sehr effizient, um die Knochendichte an den Hüften zu steigern. Wenn bei Ihnen bereits Osteoporose diagnostiziert wurde, sollten Sie allerdings belastende Übungen wie Springen unbedingt vermeiden und den Rücken schützen, indem sie ihn nicht nach vorne beugen oder drehen.

Ich sehe keine Resultate mehr. Was soll ich tun?

Variieren Sie Ihr Training. Wenn Sie dasselbe Training mehrere Monate hindurch wiederholen, hören das Herz-Kreislauf- und Muskel-System auf, sich zu verbessern, da dies nicht mehr nötig ist. Bei jedem Fitnessniveau lassen sich die Ergebnisse verbessern, wenn man die Variablen ändert. Wählen Sie jedes Mal ein anderes Training; versuchen Sie es mit zwei oder drei Trainings gleichzeitig; ändern Sie die Reihenfolge des Ablaufs.

15 Minuten

Machen Sie mehr aus Ihrem Training – mit Infos über Anatomie, Körperhaltung, Bauch-, Rücken- und Pomuskeln, Bekleidung und Ausrüstung.

Hintergrund-
informationen >>

>> Die **Körpermuskeln**

Wenn Sie wissen, welcher Muskel bei einer Übung trainiert wird, können Sie das Ergebnis verbessern, indem Sie sich darauf konzentrieren. Hier erfahren Sie mehr über Ihren Körper.

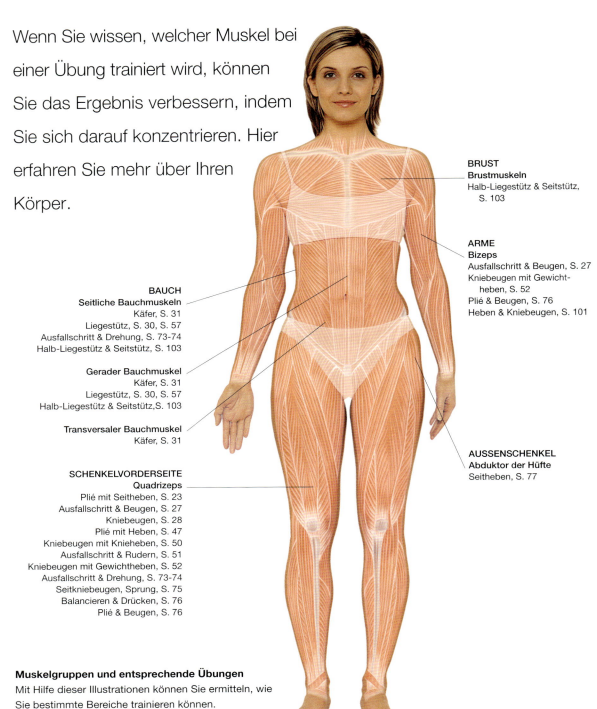

BRUST
Brustmuskeln
Halb-Liegestütz & Seitstütz, S. 103

ARME
Bizeps
Ausfallschritt & Beugen, S. 27
Kniebeugen mit Gewichtheben, S. 52
Plié & Beugen, S. 76
Heben & Kniebeugen, S. 101

BAUCH
Seitliche Bauchmuskeln
Käfer, S. 31
Liegestütz, S. 30, S. 57
Ausfallschritt & Drehung, S. 73-74
Halb-Liegestütz & Seitstütz, S. 103

Gerader Bauchmuskel
Käfer, S. 31
Liegestütz, S. 30, S. 57
Halb-Liegestütz & Seitstütz, S. 103

Transversaler Bauchmuskel
Käfer, S. 31

SCHENKELVORDERSEITE
Quadrizeps
Plié mit Seitheben, S. 23
Ausfallschritt & Beugen, S. 27
Kniebeugen, S. 28
Plié mit Heben, S. 47
Kniebeugen mit Knieheben, S. 50
Ausfallschritt & Rudern, S. 51
Kniebeugen mit Gewichtheben, S. 52
Ausfallschritt & Drehung, S. 73-74
Seitkniebeugen, Sprung, S. 75
Balancieren & Drücken, S. 76
Plié & Beugen, S. 76

AUSSENSCHENKEL
Abduktor der Hüfte
Seitheben, S. 77

Muskelgruppen und entsprechende Übungen
Mit Hilfe dieser Illustrationen können Sie ermitteln, wie Sie bestimmte Bereiche trainieren können.

SCHULTER
Deltamuskel
Plié mit Seitheben, S. 23
Plié mit Heben, S. 47
Reverse Fly, S. 53
Hüftschwung & Reverse Fly, S. 71
Ausfallschritt & Drehung, S. 73-74
Balancieren, S. 76
Seitheben, S. 77
Arm- & Beinheben, S. 79
Holzhacker, S. 95
Plié & Rudern, S. 99
Halb-Liegestütz & Seitstütz, S. 103

ARME
Trizeps
Kickback, S. 28, S. 53
Heben & Kniebeugen, S. 101
Halb-Liegestütz & Seitstütz, S. 103

PO
Pobacken
Plié mit Seitheben, S. 23
Ausfallschritt & Beugen, S. 27
Kniebeugen, S. 28
Plié mit Heben, S. 47
Kniebeugen mit Knieheben, S. 50
Ausfallschritt & Rudern, S. 51
Kniebeugen mit Gewichtheben, S. 52
Hüftschwung & Reverse Fly, S. 71
Ausfallschritt & Drehung, S. 73-74
Seitkniebeugen Sprung, S. 75
Plié & Beugen, S. 76
Arm- & Beinheben, S. 79
Holzhacker, S. 95
Plié & Rudern, S. 99
Kniebeugen, S. 99
Heben & Kniebeugen, S. 101

SCHENKELRÜCKSEITE
Kniesehnen
Plié mit Seitheben, S. 23
Ausfallschritt & Curl, S. 27
Kniebeugen, S. 28
Plié mit Heben, S. 47
Kniebeugen mit Knieheben, S. 50
Ausfallschritt & Rudern, S. 51
Kniebeugen mit Gewichtheben, S. 52
Hüftschwung & Reverse Fly, S. 71
Ausfallschritt & Drehung, S. 73-74
Seitkniebeugen Sprung, S. 75
Plié & Beugen, S. 76
Holzhacker, S. 95
Plié & Rudern, S. 99
Kniebeugen, S. 99
Heben & Kniebeugen, S. 101

>> **Die wichtigsten** Muskeln

- **Hüften und Schenkel** (Pobacken, Quadrizeps, Kniesehnen, Adduktoren und Abduktoren der Hüfte)

- **Rücken** (großer Rückenmuskel, Rhomboid-Muskeln, Trapezmuskel, und Erector spinae)

- **Brust** (Brustmuskeln)

- **Schultern** (Deltamuskel)

- **Arme** (Bizeps und Trizeps)

- **Bauch** (Gerader und transversaler Bauchmuskel, seitliche Bauchmuskeln)

RÜCKEN
Rhomboid-Muskeln & Trapezmuskel
Vorgebeugtes Rudern, S. 100

Großer Rückenmuskel
Mit einem Arm Rudern, S. 27
Ausfallschritt & Rudern, S. 51
Ausfallschritt & Drehung, S. 73-74
Vorgebeugtes Rudern, S. 100

Erector spinae
Arm- & Beinheben, S. 79

INNENSCHENKEL
Adduktor der Hüfte
Plié mit Seitheben, S. 23
Plié mit Heben, S. 47
Plié & Beugen, S. 76
Plié & Rudern, S. 99

UNTERSCHENKEL, WADE
Kniebeugen mit Gewichtheben, S. 52
Seitkniebeugen & Sprung, S. 75
Heben & Kniebeugen, S. 101

>> **Ausrüstung & Kleidung**

Ich empfehle einen Ball und zwei Paar Gewichte, entweder 1 kg und 2 kg, oder 2 kg und 4 kg, je nach Ausgangsniveau. Eine Übungsmatte ist ebenso nützlich, da sie bei einigen Übungen für das Abfedern und die Bodenhaftung hilfreich ist.

Meine Vorlieben und Empfehlungen für die Ausrüstung basieren auf Qualität, Sparsamkeit und sicherer Anwendung.

Kleidung
Tragen Sie bequeme Kleidung, in der Sie sich gut bewegen können; manche bevorzugen eng anliegende Kleidung, da sich damit die Körperhaltung besser überprüfen lässt. Andere tragen lieber lose Kleidung. Die Schuhe sollten guten Halt geben und Bewegungen in alle Richtungen erlauben. Laufschuhe sind ungeeignet, da sie primär für Vorwärts- und Rückwärtsbewegungen entwickelt werden.

Gewichte
Diese trainieren Gleichgewicht, Koordination und Stabilität der wichtigsten Muskeln. Da sie mit Hilfe der einzelnen Gliedmaßen gestemmt werden, kann man leicht Ungleichgewichte im Körper entdecken und die Gewichte verwenden, um die Symmetrie zu verbessern. Man kann jeweils einen Muskel isoliert trainieren oder Bewegungen kombinieren um ganze Muskelgruppen zu beanspruchen. Gewichte beste-

Gewichte und Bälle sind in verschiedenen Größen und Ausfertigungen erhältlich. Sie sollten auf jeden Fall bequem zu halten und leicht zu verwenden sein.

Freies Gewicht aus Chrom

Freies Gewicht mit Neoprenüberzug

Fitnessbälle

Beim Halten des Gewichts das Handgelenk gerade halten, um Zerrungen oder Verletzungen vorzubeugen.

Gewichtheben
1 Niederknien. Rücken gerade halten und Bauchmuskeln anspannen.

2 Mit Hilfe der großen Muskeln in den Beinen hochheben, beim Aufrichten die Pobacken zusammendrücken. Trainieren Sie die Bauchmuskeln, um den unteren Rücken zu schützen.

hen meist aus Metall mit einem Überzug aus Email, Chrom, Vinyl oder Neopren. Email- und Chromüberzüge platzen und blättern mit der Zeit ab, was nicht ganz ungefährlich ist. Manche bevorzugen Gewichte mit Neoprenüberzug, da sie besser zu halten sind und beim Schwitzen nicht rutschen. Die Gewichte sind in verschiedenen Größen erhältlich.

Bälle

Ein einfacher, leichter Ball ist gut geeignet, während ein schwerer Medizinball Widerstand für das Muskeltoning bietet. Zu meinen persönlichen Favoriten zählen mit Gel gefüllte Bälle, die gut zu handhaben sind. Ich empfehle ein Gewicht von 1 bis 1,5 kg, alles darüber kann bei öfter wiederholten Bewegungen zu einer Zerrung von Hals und Schultern führen. Ein Ball mit einem Durchmesser von 18–25 cm passt gut in jede Hand, obwohl auch kleinere Bälle geeignet sind — größere sind zu unhandlich.

Übungsmatten

Matten sind in verschiedenen Stärken erhältlich und lassen sich entweder aufklappen oder -rollen. Bei faltbaren Matten bevorzuge ich stärkere Modelle, die sich zwar steif anfühlen, aber überraschend elastisch sind. Bei Rollmatten empfehle ich weichen, robusten Schaumstoff, da er für bequeme Dämmung sorgt und die klebrige Oberfläche Rutschen vorbeugt. Eine Yogamatte eignet sich auch, bietet aber nicht dieselbe Polsterung.

Nützliche Adressen und Medien

Die folgenden Organisationen und Webseiten bieten allgemeine Informationen über Gesundheit und Fitness, wenn Sie mehr über dieses Thema erfahren möchten.

Deutschland

Allgemeine Information

Bundeszentrale für gesundheitliche Aufklärung (BzgA)

Ostmerheimer Straße 220
51109 Köln
Tel. 02 21/89 92 0
www.bzga.de

Deutsche Gesellschaft für Ernährung

Godesberger Allee 18
53175 Bonn
Tel. 02 28/37 76 60 0.
www.dge.de

Deutsche Gesellschaft zur Bekämpfung von Fettstoffwechselstörungen und ihren Folgeerkrankungen DGFF (Lipid-Liga) e.V.

Waldklausenweg 20
81377 München
Tel. 089/71 91 10 1
www.lipid-liga.de

Deutscher Turnerbund

Otto-Fleck-Schneise 8
60528 Frankfurt
www.dtb-online.de

Gesundheitsconsulting und Beratung:

Deutsche Gesellschaft für Sportmedizin und Prävention (deutscher Sportärztebund) e.V.

Geschäftsstelle:
Frau Ulrike Landmann
Hostetter Straße 55
79106 Freiburg
Tel. 0761/ 27 07 45 6
www.dgsp.de

Österreich

Sektion Sport im Bundeskanzleramt (Sektion VI)

Ballhausplatz 2
1014 Wien
www.sport.austria.gv.at

Haus des Sports

Prinz-Eugen-Straße 12
1040 Wien
Tel. 01/53 11 52 32

Arbeitsgemeinschaft für Sport und Körperkultur (ASKÖ)

Steinergasse 12
1230 Wien
Tel. 01/86 93 24 50
www.askoe.org.at

Schweiz

**Bundesamt für Sport
Magglingen (BASPO)**

Hauptstraße 243
2532 Magglingen
www.baspo.ch

**SEG - Sport Ernährung
Gesundheit GmbH**

Claudia Ottiger
Schützenmatte C1
6362 Stansstad
Tel. 079/62 44 82 9

**Swiss Olympic - Dachverband
des Schweizer Sports**

Haus des Sports

Talgutzentrum 27
3063 Ittigen b. Bern
Postfach 606
3000 Bern 22
Tel. 031/35 97 11 1
www.swissolympic.ch

Internet-Adressen

www.fitness.com
www.fitnesswelt.com
www.fitforfun.de
www.pluspunkt-gesundheit.de
www.richtig-fit.de
www.vital.jalag.de
www.sfsn.ethz.ch

Weitere Bücher von Joan Pagano

Muskeltraining für Frauen.
(Dorling Kindersley, 2005)
Ein starkes Buch für starke
Frauen: So lässt sich gezieltes
Bodyshaping Schritt für Schritt
zuhause oder im Studio durchführen! Die effektiven Übungen
helfen, den Körper optimal zu
formen, zu straffen und die körperliche Fitness zu steigern. Die
Trainingsprogramme für Unterkörper, Oberkörper und Rumpf
können auf jeweils drei Schwie-
rigkeitsstufen ausgeübt werden.
Anschaulich und motivierend.

8 Weeks to a Younger Body
(auf Englisch)
(Dorling Kindersley, 2007)
Ganz gleich wie alt Sie sind – es
ist nicht zu spät, die eigene
biologische Uhr zu überlisten und
durch diese speziell ausgewählten Übungen einige Lebensjahre
zu gewinnen. Finden Sie heraus,
wie alt Sie wirklich sind, wie Sie
jung bleiben und Ihre Gesunheit
und körperliche Fitness verbessern können.

Kontakt zu Joan Pagano

Joan Pagano Fitness Group
401 East 89th Street (no. 2M)
New York, NY 10128, USA
email: info@joanpaganofitness.
com
www.joanpaganofitness.com

Register

A

Abrollen der Wirbelsäule 30, 56
Abstoß-Ausfallschritt 98
Abwärts gerichteter Hund 56, 102
Aerobicübungen 17, 65
Apfelförmiger Körper 12
Armstrecken 93
Arm- und Beinheben 79
Atemlosigkeit 88
Atmen, Gewichtstraining 64
Ausdauer 16, 17
Ausfallschritte
    Abstoß-Ausfallschritt 98
    Ausfallschritt-Gang 121
    Ausfallschritt im Knien 104
    Ausfallschritt rückwärts 22, 95
    Ausfallschritt und Beugen 27
    Ausfallschritt & Drehung 73–74
    Ausfallschritt & Rudern 51
    Ausfallschritt vorwärts 92
    Charleston-Ausfallschritt 97
    Diagonaler Ausfallschritt 93
    Knicks-Ausfallschritt 96
    Kniender Ausfallschritt 104
    Schwing-Ausfallschritt 44
    Seitlicher Ausfallschritt 94
Ausfallschritt rückwärts 22, 95
Ausfallschritte & Co. Workout
    91–111
Ausfallschritt vorwärts 92

B

Bälle 123
    Beachball-Workout 43–63
Balance 120-1
Balancieren & Drücken 76
Beugen und Drücken 46
Beugen & Heben 68
Beugen und Pressen 25
Beweglichkeit 17
Birnenförmiger Körper 12
Body Mass Index (BMI) 12, 13

C

Charleston-Ausfallschritt 97
Cool-down 11
Core-Training 120–121
Crunches
    Crunch 15

D

Dehnen 32
Diabetes 12
Diät 40
Diagonaler Ausfallschritt 93
Doppeltes Armschwingen 68
Drehungen
    Ausfallschritt & Drehung 73–74
    Knieheben mit Drehung 26
    Wirbelsäulendrehung 32, 78

E

Einfaches Armschwingen 69
Einminütige Cardio-Einheiten 11

F

Fersenstoß 20
Fettleibigkeit 12
Fettpölsterchen 113
Fettverbrennung 41
Fettverteilung 12
Fitnesstest 14–15
Fragebogen, 15

G

Gegengleiches Armheben 92
Gelenke, Beweglichkeit 17
Geräte 122–123
Gerüchte 17
Gewichtstraining
    Anfangslevels 65
    Ergebnisse verbessern 113
    erkennbare Resultate 112
    Gewichte 122–123
    Häufigkeit und Dauer 17

    langfristiges Erfolgsprogramm 17
    Tempo und Atmung 64
    und schlanker Körper 41
Gewichtsverlust 40, 65, 112
Gleichgewichts-Kniebeugen 99

H

Halb-Liegestütz 15
Halb-Liegestütz und Seitliegestütz 103
Haltung 17, 118–119
Hampelmann 70
Heben & Kniebeugen 101
Herz
    Herzerkrankung 12
    Herz-Kreislauf-Fitness 16
    Maximale Herzfrequenz 89
Herz-Kreislauf-Fitness 16, 64
Hoher Blutdruck 12
Holzhacker 46
Hormone 17
Hüftbeuge & Reverse Fly 71
Hüpfen 72
Hüpfen & Springen Workout 67–89

K

Kalorienverbrennung 11, 41
Katzenbuckel 81
Kickback 28, 53
Kind-Stellung 33, 57, 81, 104
Kleidung 122
Knicks-Ausfallschritt 96
Knie anziehen 21
Kniebeugen 28, 95
    Gleichgewichts-Kniebeugen 99
    Heben & Kniebeugen 101
    Holzhacker 46
    Kniebeugen mit Gewichtheben 52
    Kniebeugen mit Knieheben 50
    Kniebeugen Plus 49
    Seitkniebeugen, Sprung 75
    Wand-Kniebeugen 15
Knieheben 48

Knochendichte 11, 113
Körperfettverteilung 12
Körperschwung 45
Kraft 16, 17
Krafttraining 11, 17
Kreuzen & Öffnen 69

L

Langfristiges Erfolgsprogramm 17
Liegestütz 30, 57
    Halb-Liegestütz & Seitliegestütz
      103
Liegestütz, Halb- 15
Liegestütz & Seitliegestütz 103

M

Marschieren 20
Matten 123
Motivation 89
Müdigkeit 88
Muskeln 116–117
    Core-Training 120–121
    Krafttraining-Ziele 65
    Kraft und Ausdauer 16, 17
    Messen der Fitness 15
    Schmerzen 89

N

Nackenpressen 118

O

Oberkörperstretch 102

P

Pause 8
Pendelschwung 45
Pliés
    Plié mit Heben 47
    Plié mit Seitheben 23
    Plié & Rudern 99
Postretch 79
Puls 16

Q

Quadrizepsstretch 32

R

Radfahren 31
Rudern mit einem Arm 27
Rückenbogen 80
Rückenstretch 78
Reverse Fly 53
    Hüftschwingen und Reverse Fly 71

S

Schlanker Körper 41
Schmerzen 89
Schulterblätter, Verankern der
    118
Schwing-Ausfallschritt 44
Seitbeugen 55
Seitheben 22, 70, 77
Seitkniebeugen, Sprung 75
Seitlicher Ausfallschritt 94
Seitstretch 29, 54
Sicherheit 89
Skater 44
Sonnengruß 29
Sphinx 33
Sprung & Drehung 73
Step-Hop 72
Step-Touch Workout 19–41
Step & Punch 24
Step & Stoß 48
Stoffwechsel 40, 65
Stretch im Schneidersitz 105
Stretches 11, 17
    Oberkörperstretch 102
    Postretch 79
    Dehnung 32
    Rückenstretch 78
    Seitstretch 54
    Stretch im Schneidersitz 105
    Trizeps-Stretch 54
    Wadenstretch 80

T

Taillenmaße 12
Testosteron 17, 64
Trizeps-Kickback 28, 53
Trizeps-Stretch 54

U

Übungen im Stehen 11
Übungsmatten 123

V

Verhältnis Taille-Hüfte 12
Vorgebeugtes Rudern 100
Vorwärtsbeugen 55

W

Wadenstretch 80
Wand-Kniebeugen 15
Warm-ups 11
Wiederholungen 15, 65
Wirbelsäule, Ausrichtung 118
Wirbelsäulendrehung 32, 78

Z

Zehenstrecken 21
Zielsetzung 10, 89

Dank

Dank der Autorin

Besonderer Dank gilt Linda Rose Iennaco, deren Wissen im Bereich Tanz, Musik und Choreographie unermesslich für dieses Werk war, und Dank deren Einsatz, Entschlossenheit und Durchhaltekraft dieses Projekt verwirklicht werden konnte. Du bist toll!
Zu großem Dank verpflichtet bin ich meiner Familie und meinen Freunden für ihre Geduld und Unterstützung während dieses Projekts. Danke, James für deine Liebe; meiner Mutter für den Erfahrungsaustausch; und meiner Schwester Lucy, die mich mit ihrem sprachlichen Geschick unterstützt hat.
Danke DK für das tolle Team, Mary-Clare Jerram für die Chance, meinen Horizont zu erweitern und Jenny Latham für die geistige Unterstützung. Meiner Redakteurin Helen Murray für ihre aufmunternden Worte und Anne Fisher für ihr wunderbares Gefühl für Ästhetik. Besonderer Dank gilt Ruth Jenkinson, die mit ihrer Kamera und Beleuchtung Magisches geschaffen hat. Und Kerry und Samantha, unseren großartigen Models.

Dank des Verlages

Der Verlag Dorling Kindersley dankt der Fotografin Ruth Jenkinson und ihren Assistenten James McNaught und Vic Churchill: sweatyBetty für die Bereitstellung der Trainingskleidung; Viv Riley von Touch Studios; den Models Kerry Jay und Samantha Johannesson; Roisin Donaghy und Victoria Barnes für das Schminken und Frisieren der Models; YogaMatters für die Bereitstellung der Trainingsmatte und des Balls. Besonderer Dank gilt Andrea Bagg und Tara Woolnough für die redaktionelle Unterstützung.

Über Joan Pagano

Joan Pagano, Absolventin des Connecticut College, ist ausgebildete Gesundheits- und Fitnesstrainerin. Sie ist seit 1988 als Personal Trainerin tätig und bietet Menschen aller Fitnesslevels Unterricht und Beratung an. Im Rahmen ihrer Tätigkeit hat sie Hunderte von Trainingsprogrammen entwickelt, die speziell auf die Bedürfnisse von Einzelpersonen, Gruppen, Fitnessstudios, Schulen, Krankenhäusern und Unternehmen abgestimmt sind.

Heute leitet Joan ihr eigenes Team aus Fitnessexperten, die Joan Pagano Fitness Group. Viele Jahre lang war sie als Leiterin des Personal Trainer Certification Program am Marymount Manhatten College tätig, wo sie noch heute als freie Dozentin arbeitet. Durch ihre Mitarbeit bei IDEA (einer Organisation zur Unterstützung von Fitnessexperten weltweit) hat sie sich einen Namen als Ausbilderin für Fitnesstrainer gemacht. Joan Pagano ist auch dafür bekannt, dass sie immer wieder auf die positiven Auswirkungen des Fitnesstrainings auf die gesundheitlichen Belange von Frauen wie Menopause, Brustkrebs und Osteoporose hinweist.